数字营销的
多维探索

杜 伟 著

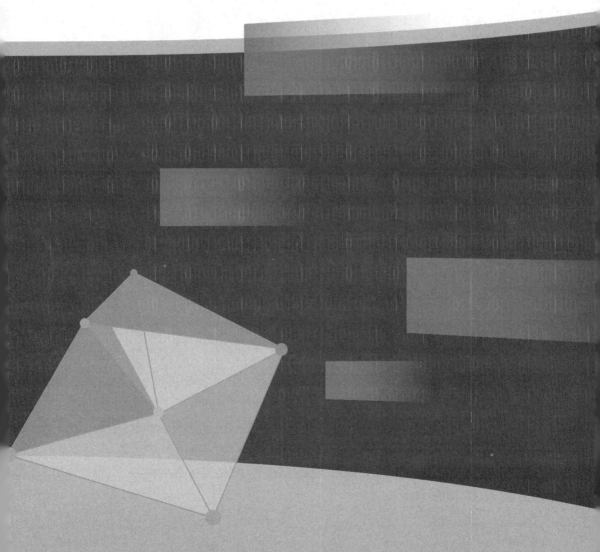

延吉·延边大学出版社

图书在版编目（CIP）数据

数字营销的多维探索 / 杜伟著. -- 延吉 ：延边大
学出版社，2024. 7. -- ISBN 978-7-230-06862-8

Ⅰ. F713. 365. 2

中国国家版本馆 CIP 数据核字第 2024DN5356 号

数字营销的多维探索

著　　者：杜　伟
责任编辑：魏琳琳
封面设计：文合文化
出版发行：延边大学出版社
社　　址：吉林省延吉市公园路 977 号
邮　　编：133002
网　　址：http://www.ydcbs.com
E-mail：ydcbs@ydcbs.com
电　　话：0433-2732435
传　　真：0433-2732434
发行电话：0433-2733056
印　　刷：三河市嵩川印刷有限公司
开　　本：787 mm×1092 mm　1/16
印　　张：9
字　　数：136 千字
版　　次：2024 年 7 月　第 1 版
印　　次：2024 年 8 月　第 1 次印刷
ISBN 978-7-230-06862-8

定　　价：58.00 元

前　　言

在数字时代，企业必须积极采用数字营销策略，以满足不断变化的市场需求。现代化的社会发展中，数字营销为企业的发展提供了一系列有力的工具，既有助于企业提高品牌知名度、扩大客户基础，也能够为消费者提供个性化的购物体验，对于提高新零售企业的营销水平、推动数字营销模式的创新化发展具有重要的价值。

本书首先阐述了数字营销的基本概念和理论基础，让读者对其有一个清晰的认识。其次，介绍了近年来数字营销行业流行的工具及手段，并通过分析经典案例展现数字营销策略的实践应用，旨在通过对数字营销的全面剖析，揭示其背后的逻辑与规律，为企业决策者提供一套系统的理论框架和实用的操作指南。

本书遵循科学性、前沿性、趣味性的理念，从环境洞察、消费竞争、战略布局、策略选择、趋势研判等维度全方位深入研究了数字营销的前沿理论、创新理念和经典案例。本书适用于企业营销人员、中高层管理人员的专业培训，还可作为对数字营销感兴趣的人士的理想读物。

目　　录

第一章 数字营销概述

第一节 数字营销的定义

对于数字营销的定义，前人已经做过许多解释。姚曦、秦雪冰提出，数字营销是使用数字传播渠道来推广产品和服务的实践活动，虚拟生存是数字营销产生的背景。数字营销，顾名思义是用数字化的传播渠道来对企业的产品、服务、人员、品牌等进行营销的过程。随着网络的快速发展，人与人之间的联系更加紧密，新的营销渠道和营销方式不断涌现，以前闻所未闻、见所未见的传播渠道出现在人们身边，比如大街上的户外显示屏、手机移动用户端（Application，APP）的推送等。

本书强调数字营销不仅是一种渠道，更是从大数据技术的视角，通过营销战略思维的升级，建立数字平台和内容平台，整合新的工具和应用，将营销科学和营销艺术相结合的营销方式（如图1-1所示）。

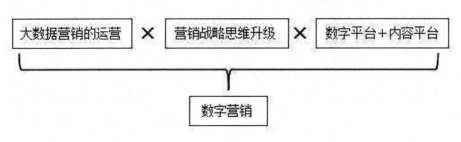

图 1-1 数字营销的定义

1

第二节 数字营销的发展

在中国，20 世纪 90 年代末开始萌芽的数字营销，直到现在仍处于高速发展阶段。经过多年的发展，互联网经历了从个人电脑（Personal Computer，PC）端到移动端的转变，内容也逐渐从图文转向长短视频，互联网媒体形态已经发生了巨大的变化。随着数字技术的不断进步，数字营销工具也在不断地更新迭代，所有的营销都已经成为数字营销。按照数字技术的发展，数字营销大致经历了以下几个阶段（如图 1-2 所示）：

图 1-2 数字营销的发展历程

一、数字营销 1.0：基于 Web 1.0 的产品单向营销

Web 1.0 的网页信息不对外编辑，用户只能单纯地通过浏览器获取信息，只有网站管理员才能更新站点信息，新浪、搜狐、网易、腾讯等门户网站是 Web 1.0 的典型代表。Web 1.0 的盈利基于巨大的点击流量，用户量和点击率决定了盈利的水平和速度，这充分地体现了互联网"眼球经济"的特点。

早期的互联网广告以单向传播为特征，即用户只能被动接受广告内容，且广告表现形式比较单一，主要为展示类的横幅广告，广告理念则以销售产品为主。

二、数字营销 2.0：基于 Web 2.0 的用户导向营销

与 Web 1.0 的单向信息发布模式不同，Web 2.0 的内容通常是用户创作发布的。用户常用的平台有博客、微博等。用户既是网站内容的浏览者，又是网站内容的制造者，这意味着 Web 2.0 站点为用户提供了更多参与和互动的机会。在 Web 2.0 时代，突出的不是纯技术，而是"参与"和"互动"。

这一时期的数字营销是依托社会化媒体的兴起而形成的互动营销，企业和消费者在社会化媒体的"桥梁"上平等对话，企业在建立良好的品牌与消费者关系的基础上达到促进销售的目的。这一阶段从 2002 年开始，可称为数字营销 2.0 时代。

三、数字营销 3.0：价值观驱动的营销

数字营销 3.0 就是合作性、文化性和精神性的营销，也是价值驱动的营销。数字营销 3.0 已经把营销理念提升到了一个关注人类期望、价值和精神的新高度，它把情感营销和人类精神营销很好地结合到了一起，营销者不再把顾客仅仅视为消费的人，而是把他们看作具有独立思想、心灵和精神的完整的人类个体。如今的消费者越来越关注内心的感受，他们努力寻找那些具有使命感和愿景规划的企业，希望这些企业能够满足自己对解决社会、经济和环境等问题的深刻的内心需求。简单地说，他们寻求的产品和服务不但要满足自己在功能上的需求，还要满足自己在精神、情感等方面的需要。

四、数字营销 4.0：基于大数据技术的营销

数字营销 4.0 是实现自我价值的营销。在丰饶的社会中，马斯洛需求中的生理、安全、社交、尊重这四层需求相对容易满足，于是自我实现变成了用户

很大的诉求。数字营销 4.0 正是要解决这一问题。随着移动互联网以及新的传播技术的出现，用户能够更加容易接触到所需产品和服务，也更加容易和与自己有相同需求的人进行交流，于是出现了社交媒体，出现了用户社群。企业将营销的中心转移到如何与消费者积极互动、尊重消费者作为"主体"的价值观，让消费者更多地参与到营销价值的创造中来。而在用户与用户、用户与企业不断交流的过程中，由于移动互联网、物联网所创造的"连接红利"，大量的消费者行为、轨迹都留有痕迹，产生了大量的行为数据。这些行为数据的背后是无数与用户接触的连接点。如何洞察与满足这些连接点所代表的需求，帮助用户实现自我价值，就是数字营销 4.0 所需要面对和解决的问题，它是以价值观、连接、大数据、社区、新一代分析技术为基础来进行的。

2017 年是人工智能的应用元年——人工智能向交通、医疗、金融、教育等领域全面渗透。人工智能这一新技术引发的智能革命也波及了营销行业。基于人工智能的数字营销的显著特征在于，它拥有类似人类的智慧。在数据时代，一个企业的价值主张变得更重要；在连接时代，有价值观的企业才能真正形成自己的群落，与用户共创价值。数据是冰冷的，营销要在数据的基础上直击消费者心灵，同时，营销技术的革新要推动营销策略的演变，这样才能更好地为企业、为消费者服务。如何更好地创造消费者价值、吸引新的消费者、增加消费者的忠诚度，如何塑造品牌价值和形象、提高消费者体验等，这些都成为当下企业竞争的核心问题。

第三节 数字时代消费者的决策路径

消费者的决策路径从大众媒体时代的"人找信息"、被动接受广告到数字营销时代的"信息找人",营销信息越来越精准地到达目标受众,并追踪效果。消费者的决策路径发生着变化,营销方式和方法也在不断更迭。

一、AIDMA 模型

AIDMA 模型,即 Attention（注意）、Interest（兴趣）、Desire（欲望）、Memory（记忆）、Action（行动）,是消费者行为学领域很成熟的理论模型之一,由美国广告学家 E.S.刘易斯在 1898 年提出。AIDMA 模型下的消费者决策路径是指从消费者看到广告到发生购物行为之间,动态式地引导其心理,并将其顺序模式化的一种法则（如图 1-3 所示）。

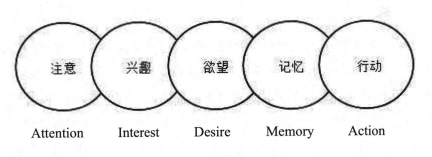

图 1-3　AIDMA 模型

二、AISAS 模型

互联网兴起后,AIDMA 模型逐渐失去了作用。2005 年,日本电通集团提出了新的消费者行为分析模型——AISAS 模型，即 Attention（注意）、Interest（兴趣）、Search（搜索）、Action（行动）、Share（分享），更加适用于解释互联网时代的消费者购物决策分析历程（如图 1-4 所示）。AISAS 模型当中的两个"S"，是互联网时代营销模式的一个突破点，凸显现代互联网中搜索和分享对用户决策的重要性，也标志着互联网对用户购买决策行为的改变。

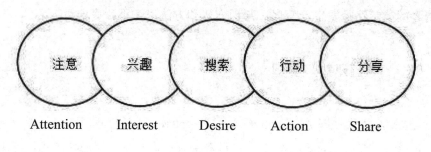

图 1-4　AISAS 模型

三、5A 模型

"现代营销学之父"菲利普·科特勒在《营销革命 4.0：从传统到数字》中提出了 5A 模型，即 Aware（了解）、Appeal（吸引）、Ask（问询）、Act（行动）和 Advocate（拥护）。该模型关注消费者与品牌的互动、消费者与消费者之间的横向交流、消费者对品牌的拥护程度，鼓励品牌主在营销时，把精力放到增强互动、改善渠道和改善用户体验上，通过优化品牌与消费者的关键触点，促使消费者购买行为产生质变（如表 1-1）。

表 1-1　5A 模型

路径	Aware（了解）	Appeal（吸引）	Ask（问询）	Act（行动）	Advocate（拥护）
用户行为	用户被动地接受来自过去产品体验、营销互动和其他人的体验等多方面的各种产品信息	用户处理已知的信息，将其加工成短期或者长期信息，并选定几个中意的品牌	受到好奇心驱使，用户积极跟进吸引他们的品牌，从家人、朋友、媒体甚至产品本身获取信息	获得足量信息后，用户做出购买选择，根据购买、使用和服务程度进行进一步产品交互	随着时间的推移，用户越来越忠于品牌，并反映在留存率、复购率、最终的品牌拥护上
可能的用户触点	• 从他人处知晓品牌 • 无意间接受品牌推广 • 想起过去的用户体验	• 被品牌吸引 • 形成心仪的品牌清单	• 向朋友寻求帮助 • 在网上查看使用评价 • 拨打客服热线 • 比价 • 在实体店购买	• 在线上或线下购买 • 首次使用产品 • 反馈问题 • 享受服务	• 继续使用 • 再次购买 • 推荐给他人
用户印象关键词	我知道	我喜欢	我相信	我要买	我推荐

四、AIPL 模型

AIPL 模型即 Awareness（认知）、Interest（兴趣）、Purchase（购买）和 Loyalty（忠诚），就是用户"看到—点击—产生兴趣—购买"的过程（如图 1-5 所示）。这也是阿里巴巴最近几年主推的核心营销思路，如果从淘宝网的角度看，就是"展现—点击—收藏加购—货比三家—成交—复购或者转介绍"的过程。

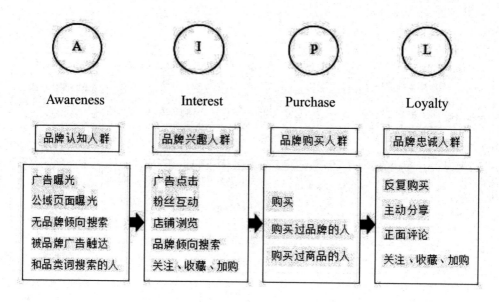

图 1-5　AIPL 模型

　　阿里巴巴之所以要主推 AIPL 模型,就是希望商家能通过不同的付费工具,匹配不同的场景,通过溢价和创意,分别匹配不同的策略,满足不同阶段的用户需求。如果把 AIPL 中间切一刀,就分为 AI 部分和 PL 部分,前者是拉新,后者是收割,用这种方式去运营的话,其实就已经成功一半了。

五、AARRR 模型

　　AARRR 模型因其掠夺式的增长方式也被称为"海盗模型",是戴夫·麦克卢尔提出的。此模型对应用户生命周期,能帮助企业更好地理解获客和维护用户的原理。AARRR 模型即 Acquisition(获取)、Activation(激活)、Retention(留存)、Revenue(变现)、Referral(推荐),分别对应用户生命周期中的五个阶段(如图 1-6 所示),多用于 APP 推广以及产品运营。

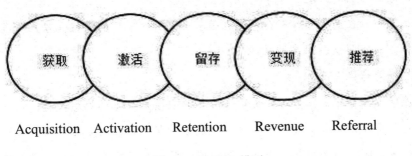

图1-6 AARRR 模型

案例1：薄荷英语的用户购买决策路径

薄荷英语是如何吸引消费者的注意，刺激消费者购买和按时完成课程，并再次消费的呢？以下从用户使用产品的行为路径的角度，分析薄荷英语的用户购买决策路径（如图1-7所示）。

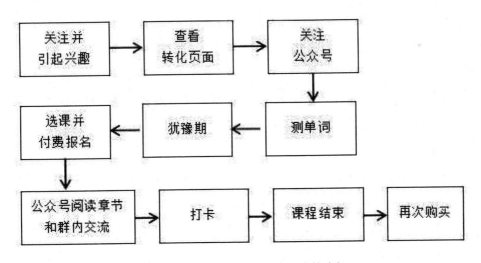

图1-7 薄荷英语的用户购买决策路径

1. 关注并引起兴趣——来自朋友圈和软文

刺激用户在朋友圈每天分享"在薄荷阅读××天"的海报链接，形成病毒式营销，引起朋友圈用户的关注。

2. 查看转化页面

在朋友圈分享后，势必会吸引部分用户点击被分享的海报链接，而这些用户就是薄荷英语拉新、吸引其关注并完成后续付费转化的主要对象。海报会附上公众号二维码以方便用户关注，同时显示量化的天数和单词数，通过量化数据刺激用户打开链接并关注薄荷英语。另外，海报上富有哲理的英文句子，也是促使用户打开链接的关键信息。

3. 关注公众号

这一点主要是依赖微信内部已有的功能，这里不多做解释。

4. 测单词

测单词是用户购买课程的必经之路，这个过程门槛如果太高，会阻碍很多用户产生后续行为。结合答题的相关数据给予用户相应的学习推荐，更有助于推进用户的后续行为。

5. 犹豫期

这一阶段阻碍消费者购买课程的主要原因是价格，理论上149~179元这个价格和市场其他类似产品差不多。为此，薄荷英语通过激励用户在朋友圈分享后便可以享受20元优惠的方式来刺激用户购买课程。

6. 选课并付费报名

为了方便用户快速做决策，薄荷英语没有给用户更多的选择。另外，为了避免版权和成本问题，薄荷英语多选择已经是公版的经典文学作品，如《傲慢与偏见》《小王子》等。因此，这一阶段用户的行为非常流畅。

7. 公众号阅读章节和群内交流

至于薄荷阅读付费课程的体验，这里主要从内容和服务两方面进行分析。

（1）内容上

课程安排上，采用难易交替的节奏（最简单—略难—简单—难），更能帮助用户坚持；由于内容多是经典文学，有些单词或者语法存在和实际使用脱轨的情况，针对这一问题，薄荷阅读对一些故事进行改编，使之更加适合当下用户的阅读习惯；每节课时长为 7～11 分钟，比较容易完成，也充分考虑到了各种碎片化场景；一天出一节课，循序渐进地帮助用户培养阅读习惯。此外，薄荷阅读对用户可能不认识的单词都做了汉语标注，而且依托微信页面的搜索功能支持单词查询。

课程学习之后是答题环节，题目本身设计得比较简单，既增加了学习的仪式感，也通过较高的答对率来提高用户的自信，从而让用户坚持学习。另外，薄荷阅读的公众号会早晚两次提醒用户阅读，上午 6 点告知用户有新内容，晚上 8 点告知用户讲义已生成，以此刺激用户坚持阅读。

（2）服务上

将同一期同课程的学员集中到一个微信群里，安排老师解答疑问，并持续运营这款产品。比如读完《小王子》后组织用户评论并发红包奖励，读完《纳尼亚传奇》后邀请用户参加相关活动。

8. 打卡

在场景设计上，鼓励用户做完题之后打卡并分享到朋友圈。

9. 课程结束

完课率是这类付费学习产品的生命力指标。薄荷英语通过以下举措鼓励用户完成课程：第一，朋友圈打卡，看到其他小伙伴还在坚持，也能不断刺激自己去学习；第二，公众号每天至少提醒两次；第三，每读完一本书就会有相应的活动，但用户须完成课程阅读才可参加；第四，课程最后几天告知用户如果没有读完将无法回看整本书的内容，使用户产生一种利益受损的感觉，这能更好地督促用户去补读。

10. 再次购买

当用户获得很好的阅读体验，且英语水平真的有了提高后，就很有可能产生再次购买的行为。

11. 总结

薄荷英语以经典文学内容为切入点，通过病毒式营销成为爆款。但是如何吸引新用户，如何让老用户持续购买，即如何增强产品自身的生命力，是这款产品需要深入挖掘的关键。

案例2：一汽马自达"趁青春去旅行"在抖音掀起旅行旋风

随着汽车市场的竞争加剧、消费人群的需求变迁，越来越多的汽车品牌开始顺应碎片化时代用户的消费习惯，营销内容尤其是短视频内容正成为汽车品牌与消费者沟通的重要载体。

以其明星产品作为浙江卫视《青春环游记》官方指定用车为契机，一汽马自达在抖音发起"趁青春去旅行"话题挑战赛，用户使用专属贴纸或拍摄相关主题视频，并添加"趁青春去旅行"话题即可参与挑战。活动期间共有超过6万名用户创作了关于"趁青春去旅行"的短视频，视频播放量超过3亿，点赞量有1000多万，一汽马自达品牌官方账号粉丝增至31.1万。此次双方合作主要针对年轻用户群体，向他们传递一汽马自达"趁青春去旅行"的品牌精神。独有的个性和价值主张最终为品牌赢得了众多忠实粉丝，帮助品牌建立了强烈的品牌认同感。

1. 优质资源强势曝光，强化活动号召力

作为一直走在时尚前沿的汽车企业，一汽马自达时刻关注年轻消费群体的需求，其明星产品作为综艺节目《青春环游记》官方指定用车，在节目中已收获大量人气和关注，"趁青春去旅行"也被品牌作为深度连接年轻消费群体的重要营销话题。

此次在抖音发起挑战赛，一汽马自达通过平台高密度的信息分发，借助抖音上的多种优质资源广泛覆盖用户观看路径，实现多场景充分触达目标受众。开屏广告曝光量超过574万，常规链接曝光量超过1915万，推荐信息流曝光量超过2932万，三种强曝光形式为话题页带来近50万的点击量。此外，发现页横幅、热搜榜单、添加话题位置等优质资源引流也为品牌提供了近500万的曝光量。

2. 出游妆创意互动贴纸，放大品牌青春态度

除了抖音资源的高效引流，此次挑战赛中创意贴纸的动态效果也是吸引用户主动参与的重要因素。视频创作中出现"开启好心情"动态，即可激发出游妆贴纸，一汽马自达品牌挂件和主题"趁青春去旅行"也同步出现。"开启好心情"动态切换激发了用户心理上的场景转换，提升了活动的趣味性。

活动期间，贴纸试用次数达到462万，活动开始当日投稿次数即超过3.6万，使用贴纸的视频当日播放量也超过640万，互动数超过110万。

3. 达人激发用户内容共创，品牌官方账号实现长效粉丝沉淀

达人或明星的加入基本成为抖音挑战赛的标配，同时也是活动扩散的有效利器。此次一汽马自达"趁青春去旅行"话题挑战赛邀请了六位不同领域的抖音达人创作主题短视频，带动了更多用户生成内容（User Generated Content, UGC）的产出，更有达人为挑战赛专门制作专属音乐，激发大量用户使用。

除了关键意见领袖（Key Opinion Leader, KOL）的正向引导外，一汽马自达也在抖音企业号发布了示范视频，获赞量达20.2万。在获奖攻略中，参赛并关注一汽马自达官方账号的用户在评奖时可额外获得5万点赞，同时话题页"5万点赞快速通道"也直接导流至企业账号，吸引用户关注，带来了更多品牌视频的观看量。

随着用户消费理念的改变，汽车对用户需求的满足不仅体现在技术、设计等方面，更体现在情感和场景上。一汽马自达基于对旅行文化的深度挖掘，通过抖音短视频找到了更加契合年轻消费群体的沟通方式，探寻年轻消费者的内心世界，也开启了汽车品牌移动时代营销的全新思维。

第二章 直播营销

第一节 直播营销概述

一、直播营销的定义

"直播"一词由来已久，在传统媒体平台就已经有基于电视或广播的现场直播形式，如晚会直播、访谈直播、体育比赛直播、新闻直播等。词典上对直播的定义为："与广播电视节目的后期合成、播出同时进行的播出方式。"随着互联网的发展，尤其是智能手机的普及和移动互联网的速度提升，直播的概念有了新的延展，越来越多基于互联网的直播形式开始出现。所谓"网络直播"或"互联网直播"，指的是用户在手机上安装直播软件后，利用手机摄像头对发布会、采访、旅行等进行实时呈现，其他网民在相应的直播平台可以直接观看和互动。

电商直播除了继续改变传统电商中"人—货—场"的关系链之外，还碰撞出了不少新玩法。打开直播间，琳琅满目的商品即刻呈现在用户眼前。其中，主播吸引了大多数人的目光。除了头部的原生零售主播之外，一批跨界的名人也加入了电商直播当中；虚拟偶像主播的名气渐盛，标志着"二次元"文化与"三次元"市场正走出一条融合新路径；还有数不胜数的商家自建直播团队或通过第三方运营公司进行代播。

二、直播营销的特点

（一）互动

直播本身就带有很强的交互性。用户可以在观看直播的同时发布评论，随时表达自己的情绪，发表自己的看法。这种强交互性是以往许多媒体所不具备的。正因为这种交互性，品牌变得更有真实感、更具亲和力，这也是很多品牌想要把直播当作品牌营销主阵地的原因。这种方式带来的冲击力比图文和视频的冲击力更大，并且在直播的互动中可能产生二次传播的内容。

（二）真实

第一，直播拉近了受众与平台、品牌的距离。直播平台的出现，可以让许多实时发生的事件呈现"第一现场"，改变了媒介传播的形态。直播是一种新的沟通界面，它区别于以往沟通界面的地方在于，它不再是自上而下的传播模式，不再是企业、品牌经过严格筛选的信息传播模式，而是一种能够直接对接消费者，未经修饰的、最原始的品牌展示模式。在展示产品、发布新品等方面，通过这种全新的、开放性的模式，品牌可以用更加平等的姿态和消费者互动。

第二，满足受众的猎奇心理。直播如此受欢迎，一方面是因为移动互联网和社交媒体的发展，降低了用户参与的门槛，用户利用手中的移动设备可以随时捕捉周围的事物与环境，分享个人的兴趣和关注点，形成了全民直播的盛况。另一方面是因为直播充分满足了移动互联网时代的用户想要随时秀出自我的诉求。

（三）体验

第一，直播实现了人与产品的连接。将单一的产品通过人为关联，在平台上实现真正意义上的场景营销。

第二，易于收集用户情感的反馈。"弹幕"互动能让主播直接看到受众的反馈和真实感受，便于优化直播过程。

直播营销的互动、真实和体验三大特点，使得其具有实时营销和二次营销的特性。二次营销是指直播过程中产生的有特色的内容，包括在直播中发现的新卖点或话题点、直播内容剪辑精华版等，可以在直播结束后继续借助社交媒体等进行再次传播。实时营销保证了用户的深度参与，二次营销保证了直播内容的广泛传播。

第二节 直播的发展历程

网络速度和硬件水平是影响互联网直播行业发展的主要因素。直播行业起源于 1998 年，爆发于 2016 年。其间，直播战场由 PC 端转向移动端，直播内容由单一的图文、秀场发展到电竞游戏，再向电商、体育、教育、社交等多领域渗透。其发展历程可大致分为五个阶段，依次为论坛直播、秀场直播、游戏直播、移动直播、直播电商。

一、论坛直播（1998 年开始）

拨号上网与宽带上网兴起的时候，网速普遍较慢，网民上网以聊天、看新闻、逛论坛为主。因此，这一时期的直播形式仅支持文字或图片，网民通过论坛追帖、即时聊天工具分享等形式，了解事件的最新进展。由于文字直播、图片直播适合喜欢阅读、爱看文字的受众，因此受众面较窄。

二、秀场直播（2005 年开始）

网络直播市场随着互联网模式演化起步，自 2005 年开始以 YY、六间房、9158 为代表的 PC 端秀场直播模式逐渐为大众所熟知。这一时期，用户消费主要集中在社交关系消费（用户等级体系、白名单特权等）和道具打赏两方面。2013 年 12 月 4 日，4G 牌照的发放标志着我国电信产业正式进入了 4G 时代，也意味着网络直播由起步期向发展期过渡。

三、游戏直播（2014 年开始）

随着计算机硬件的发展，网民可以打开计算机进行多线操作，一边听 YY 语音直播，一边玩游戏。游戏直播开始兴起。

这个阶段以《英雄联盟》《DOTA》等游戏为代表，形成了一种多人同时在线竞技的游戏模式，满足了玩家的娱乐、社交需求。

四、移动直播（2016 年开始）

2016 年，国内 4G 网络建设稳步推进，三家基础电信企业集体步入"4G +"时代，智能手机硬件也不断升级，移动互联网逐步提速降费。用户通过移动手机用户端实现了移动直播，全民进入移动直播时代。与此同时，大批直播网站火速发展，网络直播市场迎来了爆发期。因此，这一年被称为"中国网络直播元年"。在这个阶段，网络直播向泛娱乐、"直播+"演进，出现更多垂直细分行业。在社群经济上，各行业与网络直播结合，与用户进行实时互动，增加用户黏性；在商业模式上，网络直播不只是虚拟道具，它还能与其他互联网商业模式进行嫁接。

2015 年，映客直播、熊猫直播、花椒直播等直播平台纷纷布局移动直播市场，相关直播创业公司也顺势成立。高峰时，市场上曾出现300余个直播平台。2017年，经过一年多的行业洗牌，市场中知名度较高的直播平台仅剩数十家，其中具有代表性的直播平台有花椒直播、映客直播、一直播等。

五、直播电商（2018年开始）

直播电商真正大爆发是在2020年。从"网红"、企业创始人、明星再到素人，可谓参与者众多。目前直播电商有三大类平台：电商平台（淘宝、京东、拼多多等）、内容社交平台（抖音、快手、微信、微博等）、"种草类"平台（哔哩哔哩、小红书等）。整体来看，淘宝、抖音、快手在直播电商领域切入得比较早，且出台了各类扶持政策助力直播电商生态的构建。现在，其他平台也纷纷切入这一领域，甚至连微信等都推出了直播栏目。长远来看，电商和内容之间的边界逐渐模糊。未来，直播电商将不断升级，成为电商平台、内容社交平台以及各种其他平台的标配。

第三节 我国主要的直播电商平台

目前电商直播行业仍以头部主播为主导，各平台的头部主播热度仍较高。但随着品牌商家的入局，品牌直播间的影响力逐渐增大，未来品牌直播间与主播的联动将成为电商直播新的增长点。

在网络直播的发展过程中，各种类型的直播平台不断涌现。

一、淘宝直播

2019 年，直播电商爆发，淘宝进入真正的电商元年。淘宝直播发布的《2020年淘宝直播新经济报告》指出，2019 年淘宝开播账号数量大增，相比 2018 年，增速已达 100 %。随着淘宝直播的普及，淘宝用户画像也发生了一些变化。

越来越多的男性用户加入直播间进行消费。对比 2018 年，2019 年男性用户的比重提升了 6 %，淘宝直播中男性消费者占比已近四成。从年龄结构上看，用户群体依旧以 80 后、90 后为主，其次是 70 后，00 后也已占据相当的比重。"30 岁以上的姐姐"逐渐成为大众关注的对象。《淘宝直播女性用户数据报告》显示，姐姐和妹妹的直播消费行为有着较大区别：30 岁以上的姐姐平均每天在淘宝直播中的消费时长超过 20 分钟；对比妹妹们，姐姐们更偏爱母婴、珠宝等类目；"高客单价""家庭"是姐姐的消费关键词；姐姐们平均月收入的25 %都消费在淘宝直播上，月均消费超过1000元，是妹妹们的两倍。

二、抖音直播

到 2020 年 12 月，抖音日活跃用户数达到了 6 亿，看播时长实现 3 倍增长。《2020 年抖音直播数据图谱》显示，主播以 24～30 岁群体为主，而 31～40岁的看播用户占比最高，不同人群对直播的偏好存在明显差异：80 后人均观看时长最长，90 后直播评论互动性最强，95 后人均发送道具次数最多；男性较偏好游戏直播，女性则偏好时尚内容。主播和看播用户的城市级别分布基本一致，以二线、三线和四线城市为主。

美妆成为抖音直播的热门赛道。《2020 年抖音美妆直播报告》显示，2020年 1 月到 5 月的美妆直播用户数大幅上升，增长率达到 122 %。其间，抖音美妆类直播开播趋势也在上升，万粉主播数增加了 120 %，直播场数实现了 187 %的增长。

美妆品牌直播参与度加强，近六成品牌每周至少开播一次，月度复播率超八成，有效刺激了消费者的购买意愿，六成看播用户对直播产品的认知有所提升。观看美妆直播的原因，排名前三的分别是：了解最新、最火的美妆内容（美妆技巧、产品测评），主播推荐的产品好用实惠和有自己喜欢的品牌产品。美妆趋势和口碑好物是引流重点。从内容上看，关注度上升的直播间多数与化妆教程、护肤技巧有关，实用教程类内容最具话题性。

抖音达人进行直播营销需准备好人、货、场。在抖音进行美妆直播带货有三点不可或缺：限时优惠、主播推荐、互动氛围。《2020 年抖音美妆直播报告》指出，利益刺激、达人、明星都能刺激用户的核心购买需求。而抖音直播达人需要具有善沟通、够专业、会宠粉三个"必杀技"。品牌和达人等多方联动，更能实现品效双赢。

三、快手直播

快手的年轻用户占比大，地域分布更下沉。《快手人群价值报告》指出，35 岁以下人群占比超七成；18 岁以下人群占比也较为突出，约占总体的 11%。在地域分布上，快手用户十分接地气，主要分布在二线城市和四线及以下城市。主播数量排名前三的省份为河北、广东和辽宁。来自广东、河北和山东的直播用户最多。

在直播内容上，女性主播偏好日常生活展示和才艺技能展示，男性主播则偏好科普教学和游戏直播。

快手用户兴趣多元，直播内容类型丰富。商品售卖及推荐成为开播最多的内容，日常生活展示、问答互动和宅人娱乐的内容数量也较多。快手汽车改装类直播日均场次超过 3 万，知识主题直播达到 40 万场。另外，母婴和宠物行业都在快手直播上有不错的发展。《2020 年快手母婴生态报告》指出，快手的泛母婴人群达到7500万，精准母婴人群达到2500万。2020 年 1 月至 8 月，母婴直播场次实现翻倍增长，增长率达到 115%。在母婴直播中，播放及点赞最多的类型是晒娃，其中女性主播的偏好度最高。亲子育儿、幼儿园生活和亲子剧场等内容也颇受欢迎。快手善用社区属性与创作者私域流量，依托去中心化的流量分配模式，使其拥有更高的用户黏性和更浓厚的社区属性。

第四节 直播营销的典型模式分析

目前，比较流行的直播营销有以下几种模式：

一、"直播+发布会"营销模式

"直播+发布会"是当下一线品牌吸引眼球、抢占流量、制造热点的营销利器。发布会往往具有极强的现场感染力，是一个企业宣传企业文化或品牌内涵的最佳场所。

案例：小米新品发布会

2020 年 2 月 8 日，小米官方宣布，"小米 10"系列新机将于 2 月 13 日发布。这是小米旗舰店首次以纯线上直播的方式进行新品的发布。官方表示还有更多精彩的"第一次"将会揭晓。

发布会前，小米利用自己的媒体矩阵发布直播信息，以极具科技感的海报吸引受众眼球。

小米直播发布会的内容包含企业负责人演讲、小米 10 周年回顾、小米新产品的新技术及新性能介绍、新产品的价格公布、预售渠道介绍以及其在行业中达到的新成就。可以观看这场直播的平台多达 71 个，包括腾讯视频、爱奇艺、优酷及微博等已经具备较成熟体系的网络平台。

发布会前期、中期及后期不同阶段的传播，小米也给出了比较官方的示例。除了直播开始前的预热与直播中的互动、抽奖活动，在直播后期，小米官方表示会在发布会结束之后，不中断地为大家现场直播全球首个"小米10"开箱上手，还将会带来云连线媒体会，小米高层都将现身接受"云采访"。通过这样的方式，小米的这场直播营销较好地达成了线性传播范式，将受众在看完现场发布会之后对产品的直接需求——开箱，进行了准确把握，营销策略具备精准性。

二、"直播+产品体验"营销模式

对于产品体验，相比精心编制的宣传片，实时直播更能给受众带来真实感，有助于消除他们在初接触产品时的犹豫和疑惑。通常与美食、旅游、文化展会等相关的注重实地体验感的产品会选择这种直播营销模式。

案例：携程联合抖音进行旅游直播

2020年3月23日，旅游行业的龙头企业携程联合抖音上演了一场别开生面的直播首秀，企业创始人与抖音达人联合出击，为用户送上超级福利，1小时的直播累计观众数达51万人，总销售额达1025万元，总订单数达6710单，全面点燃了旅游用户的消费热情。本次直播营销的骄人成绩为旅游行业实现"提前营业"做出了极佳示范。

在携程的这次直播营销中，创始人联合优质旅游达人，唤醒了受众潜在的旅游需求，缩短了品牌转化链路。而抖音作为直播平台，邀请了在旅游领域与携程品牌调性契合的达人共同参与直播，覆盖抖音单身用户、情侣用户、家庭用户，通过活动抽奖送出总价值达100万元的1700个奖品，提升了活动话题热度，完美地打造了"直播+产品体验+网络红人+互动"的直播模式。

这场针对旅游的直播营销，让用户足不出户就可以进行丰富的旅游体验，有效激发了用户的购买欲望，也为未来旅游直播营销的发展树立了标杆。

三、"直播+互动活动"营销模式

在很多直播营销中，互动活动被狭义地理解成了直播营销过程中的互动方式，但是直播营销前的互动也能极大地激发受众的参与热情。

案例：京东超市周年庆直播

2016年9月，京东超市策划了一起全民互动营销大事件，抓住了"周年庆"这一节点，以"电商+综艺+直播"这一新奇有趣的创意玩法，充分释放了明星直播的IP（Intellectual Property）效应。定制京东超市周年庆蛋糕礼物、任务征集、金币解锁、派发红包等多种玩法，提高了订单转化率，极大地激发了网友参与的热情，也让直播有了更加新奇的意义。

8月29日至30日，也就是直播营销前期，京东超市抛出了九张明星海报，将九位明星的标签特质与品牌视觉相融合，向粉丝征集明星直播任务，让粉丝来决定偶像直播的主题。同时，随机拍摄的街访视频也在同一时间形成了病毒式传播。直播征集任务发布当天，各家明星粉丝及娱乐大号第一时间参与到传播当中，网友"脑洞大开"并积极留言，推动着综艺娱乐"剧情"的发展。直播征集刺激、有趣，也有效地向消费者传达了京东超市周年庆及相关促销信息。

九天的直播结束后，数据显示直播累计总观看量达3680.3万人次，点赞数达9936.3万，粉丝评论互动总数达53 910条，其热度可想而知。而在直播活动的推动下，截至周年庆活动落幕，京东超市商品销售额超6000万元。

四、"直播+解密"营销模式

"直播+解密"的营销模式通常会运用在新事物的推广中。

案例：南京创新周王牌行动

2020 年的南京创新周，南京团市委联动江北新区团工委、江宁区团委以及新浪江苏、今日头条、南京广电等单位，共同打造"2020 云看南京创新周"王牌行动。活动采用了"直播+解密"的直播营销模式，设置了闯关解谜、寻找密钥、赢取神秘大奖等环节。红人主播、科技达人、高校科技爱好者在南京科技企业，通过微博、抖音等平台，利用直播方式在线解锁创新科技玩法。层出不穷的科技展示、趣味新颖的互动方式引发网友不停刷屏点赞。此次网络直播累计观看人数超 460 万人次，"云看南京创新周"微博话题阅读量突破 978 万，达到了非常好的营销效果。

五、"直播+广告植入"营销模式

商业广告容易让受众产生抵触心理，如何巧妙地进行广告植入成了很多品牌研究的热点，而"直播+广告植入"营销模式给创意植入提供了很好的渠道。

传统的明星宣发方式局限于文字和画面，缺乏时效性和互动性，而直播的强互动性对于明星重塑形象、吸引粉丝可谓力量强大。直播营销不仅可以为明星形象加分，也给明星带货的产品带来了比较好的营销效果。

六、"直播+大佬访谈"营销模式

对于鱼龙混杂的直播营销环境，专业人士的加入会赋予品牌更高的可信度，也会使企业更好地达成品牌营销目的。

案例：罗永浩抖音直播

2020 年 4 月 1 日晚上 8 点，罗永浩抖音直播首秀开场。这场直播的特点之一就是邀请了多位品牌大佬亮相直播间：小米集团中国区总裁卢伟冰、搜狗原首席执行官王小川、极米科技首席执行官钟波等。他们通过发红包的互动方式，迅速拉近了品牌与受众之间的距离。

七、"直播+产品推销"营销模式

所谓产品推销，就是给主播一个产品，让其通过自己的方式进行售卖，这对主播的直播营销能力是一个巨大的挑战。

案例1：董宇辉双语直播卖货

2022年6月9日上午，在新东方在线旗下的东方甄选直播间，董宇辉的一场直播毫无预兆地解锁了流量密码，火爆全网。介绍商品时，他中英文切换自如，诗词歌赋信手拈来，浓缩智慧的金句频出。他一边用地道的英语介绍牛排，一边在一旁的白板上写下一个个关于牛排、调料包的英文单词，其间又随口穿插几句自嘲的调侃——"当我拿出这个方形煎锅时，肯定有网友要说和我撞脸了"。随后，东方甄选直播间人数迎来爆发式增长，短短一周，粉丝已超600万；新东方在线的股价也一路飙升，一度上涨近40%。

案例2：罗永浩化身抖音坚果一哥，实现洽洽电商梦

2020年4月1日，罗永浩在抖音开启了他的电商直播首秀。在经历几番创业的波折之后，罗永浩加入直播带货行业，空降抖音，立志成为"抖音带货一哥"。当晚，罗永浩直播间累计观看人数超过4800万人次，成交总额超过1.1亿元。

自3月19日罗永浩宣布直播带货之后，不到一天就有2500多家品牌纷纷竞争其直播间的广告位，从数码科技产品到家居、零食一应俱全，而入选比例大约为100∶1。最终出现在直播间的产品只有22款，可谓真正的百里挑一。

洽洽在一众产品中脱颖而出。提及洽洽，罗永浩钟爱有加，他说："洽洽就不用多说了，国民品牌，几代人的记忆。洽洽小黄袋每日坚果，上市至今累

计销量超过 5 亿份！"

通过与罗永浩合作，洽洽实现了数据化转型。小黄袋在罗永浩直播间首秀，直播 3 小时便卖出 200 多万件，直播总覆盖粉丝数约为 1510 万，曝光完成率达 151%。截至 4 月 7 日，财经主流媒体、手机客户端、微博热搜话题、微信公众号等总曝光量超 4.5 亿次，"不卖坚果，搞个锤子"话题累计阅读量超 2000 万次。

通过借势全网热度与流量最大的热点事件制造营销话题，洽洽提升了每日坚果的曝光度与认知度，向消费者展示了洽洽的特点，促成了销售的转化。同时，洽洽也借此机会打通了从淘宝直播到其他平台电商直播的链路，正式开启直播营销矩阵道路。

案例 3：路易威登携手抖音直播秀场

近年来，全球奢侈品市场的规模逐渐萎缩。被仰视的时代一去不复返，急于改变营收现状的奢侈品牌，一改过去"高冷"的营销方式，积极地布局社交化营销渠道，进行年轻化、数字化转型。

2021 年 1 月 21 日晚，路易威登男装原艺术总监维吉尔·阿布洛通过抖音直播的方式，发布了 2021 秋冬男装系列。维吉尔·阿布洛将 T 台变成了剧场，以多学科艺术表现形式呈现。时装秀上，舞蹈、滑冰、诗歌和舞台布景艺术等一一上演，受邀明星、艺术家倾情参与。用户纷纷在评论区留言："太美了，感觉需要人工呼吸""高级""这才是大牌该有的感觉"。

这场时装秀的抖音直播和回看视频总播放量超 3500 万，峰值直播观看量超 2700 万，直播后路易威登的品牌抖音账号涨粉超 25 万，再造高端奢侈品牌数字营销标杆，真正实现了声量和口碑的双赢。

作为路易威登时装大秀的线上直播阵地，抖音依托平台沉浸式、强互动、定制化等优势，让全网观众得以近距离观赏这一国际顶级奢侈品牌的年度大秀，也让路易威登实现了从直播引流到"破圈"传播再到粉丝沉淀的多元目标。

在大秀预热阶段，路易威登邀请多位明星联袂制作创意短视频，通过引导粉丝来抖音观看大秀，为活动强力引流和造势。与此同时，抖音还借助信息流预约组件等手段，吸引用户预约直播，对大秀活动进行全方位曝光，实时为活动导流，不断带动此次直播大秀的传播。

在品牌打造线上营销事件的过程中，粉丝人群和私域流量的沉淀，从活动前期的明星预热到之后的直播大秀，都通过路易威登的品牌抖音账号完成。不仅如此，在大秀活动过后，路易威登品牌抖音账号还放出了大秀的完整版视频，切实促进了私域流量的沉淀和线上阵地的强化。

作为全球顶级奢侈品牌的路易威登，逐渐颠覆了以往自上而下的宣传方式，实现了与不同领域和圈层用户的实时互动、零距离接触。在此过程中，抖音依托年轻、时尚的平台生态，以及全平台超过 6 亿的活跃用户数，为路易威登等奢侈品牌源源不断地输送着海量流量、多元内容、创新玩法等数字化红利，不断助推智慧与繁荣的"新奢"时代。奢侈品牌数字化转型正在成为当下的一股风潮。凭借极具艺术感染力的大秀及抖音全平台的资源，路易威登在创新度、传播声势、涨粉幅度等方面实现了新的突破，成为奢侈品行业营销升级的先行者和引领者。

第三章 短视频营销

第一节 短视频概述

一、短视频的定义

短视频是一种互联网视频内容的传播形式，一般是在互联网新媒体平台上传播，适合在移动状态和短时休闲状态下观看，时长从几秒到几分钟不等，采用高频推送的视频传播内容。短视频的内容较短，既可以单独成片，也可以组成系列栏目。当前的短视频行业正在快速发展，用户数量、行业规模和社会影响力持续提升，已经成为移动互联网业态的重要组成部分。抖音、快手等短视频平台在下载量、排行榜和应用市场评论数等维度均体现出强大的竞争力；微信视频号、西瓜视频、抖音火山版、微视、美拍、秒拍等短视频平台也以独特的用户定位吸引着不同的用户群；还有一些新兴的短视频平台聚焦垂直细分领域，为行业发展持续注入新鲜的血液。

二、短视频的特点

短视频和传统视频比起来，主要是以"短"见长。其主要特点如下：

（一）短小精悍，内容丰富

短视频的时长一般在 15 秒到 5 分钟之间，其内容融合了技能分享、幽默娱乐、时尚潮流、社会热点、街头采访、公益教育、广告创意、商业定制等。短视频短小精悍，内容丰富，题材多样，灵动有趣，娱乐性强，注重在前 3 秒吸引用户，节奏快，内容紧凑，符合用户碎片化的阅读习惯。

（二）门槛低，生产流程简单

相较于传统视频，短视频大大降低了生产和传播的门槛，实现了生产流程简单化，甚至创作者利用一部手机就可以完成拍摄、制作、上传与分享一整套流程。目前主流的短视频 APP 大都具有一键添加滤镜和特效等功能，简单易学，使用门槛低。

（三）富有创意，极具个性化

短视频的内容更加丰富，表现形式也更加多元化，更符合 90 后和 00 后个性化和多元化的审美需求。用户可以运用充满个性和创造力的制作和剪辑手法创作出精美、震撼的短视频，以此来表达个人想法和创意。例如，运用比较动感的节奏，加入幽默的内容，或者进行解说和评论等，让短视频变得更加新颖。

（四）传播迅速，交互性强

短视频的传播门槛低，渠道多样，容易实现裂变式传播与熟人间传播。创作者可以直接在平台上分享自己制作的视频，以及观看、评论、点赞他人的视频。丰富的传播渠道和方式使短视频传播的力度大、范围广、交互性强。

（五）观点鲜明，信息接受度高

在快节奏的生活方式下，大多数人在获取日常信息时习惯追求"短、平、快"。短视频传播的信息观点鲜明、内容集中、言简意赅，容易被用户理解与接受。

（六）目标精准，触发营销效应

与其他营销方式相比，短视频营销可以准确地找到目标用户，实现精准营销。短视频平台通常会设置搜索框，对搜索引擎进行优化，而用户一般会在平台上搜索关键词，这一行为使短视频营销更加精准。

我们在刷短视频时经常会刷到广告，甚至短视频界面还有添加商品到购物车的链接，这便是短视频触发的营销效应，很多广告商都会和短视频平台合作来推销产品或者传播品牌。

第二节 短视频的发展历程

一、萌芽期：短视频的前身

短视频的源头有两个：一个是视频网站；另一个是短的影视节目，如短片、微电影。后者出现的时间比前者更早。2004 年，我国首家专业的视频网站——乐视网成立，拉开了我国视频网站的序幕。2005 年，美国的视频分享网站YouTube 等备受用户欢迎，其发展经验和成功模式也引起了我国互联网企业的效仿，土豆网、56 网、PPTV 等相继上线，成为我国视频网站群体发展初期的主要成员。

视频网站在国内刚兴起时，就以用户上传和分享的短视频见长。但在 PC互联网时代，视频网站内容仍以传统电视传媒的内容为主，而短视频只是补充。进入移动互联网时代之后，短视频才得到发展。

二、探索期：各类短视频平台崛起

随着移动互联网时代的到来，信息传播的碎片化和内容制作的低门槛促进了短视频的发展。2011 年 3 月，北京快手科技有限公司推出一款叫"GIF 快手"的产品，用来制作、分享 GIF 图片。2012 年 11 月，"GIF 快手"转型为短视频社区，改名为"快手"，但一开始并没有得到特别多的关注。2014 年，随着智能手机的普及，短视频的拍摄与制作更加便捷，智能手机成为视频拍摄的利器，人们可以随时随地拍摄与制作短视频。

伴随着无线网络技术的成熟，人们通过手机拍摄、分享短视频成为一种流行趋势。2014 年，美拍、秒拍迅速崛起。2015 年，快手也迎来了用户数量的大规模增长。

短视频的特点不只是时长短，更重要的是其生产模式由专业生产内容（Professional Generated Content，PGC）转向了用户生产内容（User Generated Content，UGC），这无疑让短视频的产量随之剧增，各类短视频平台也如雨后春笋般涌现。

三、成长期：短视频行业井喷式爆发

2016 年是短视频行业迎来井喷式爆发的一年，各大公司合力完成了超过 30 笔的资金运作，短视频市场的融资金额超过 50 亿元。随着资本的涌入，各类短视频 APP 数量激增，用户的媒介使用习惯也逐渐形成，平台和用户对优质内容的需求不断增加。2016 年 9 月，抖音上线，其最初是一个面向年轻人的音乐短视频社区，到了 2017 年，抖音进入迅速发展期；而快手在 2017 年 11 月的日活跃用户数也超过了 1 亿。

伴随着更多独具特色的短视频 APP 的出现，短视频创作者也纷纷涌入，短视频市场开始向精细化和垂直化方向发展。此时，主打新闻资讯的短视频平台开始出现并急速增长，如《南方周末》的"南瓜视业"、《新京报》的"我们视频"、界面新闻的"箭厂"等。

在短视频的成长期，内容价值成为支撑短视频行业持续发展的主要动力。

四、成熟期：短视频行业发展回归理性

2018 年，快手、抖音、美拍相继推出商业平台；2020 年 4 月，微信也上线了视频号，短视频的产业链条逐步形成。此后，平台方和内容方将内容不断丰富和细分，用户数量大增的同时，商业化也成为短视频平台追逐的目标。如今，以抖音、快手为代表的短视频平台月活跃用户数环比增长率出现了一定的下降，用户规模即将饱和，用户红利逐步减弱。如何在商业变现模式、内容审核、垂直领域、分发渠道等方面更为成熟，成为短视频行业发展的新目标。

第三节 我国主要的短视频平台

一、抖音

抖音是 2016 年 9 月上线的一款音乐创意短视频社交软件，也是一个专注于年轻人的 15 秒音乐短视频社区。它的口号是"专注新生代的音乐短视频社区"，可见其目标用户为年轻用户，其产品形态是音乐短视频，其愿景是打造音乐社区。

短视频 APP 凭借社交承载信息量大、表达方式生动形象等特点迅速发展，开辟了新的社交方式。抖音一跃成为短视频的翘楚，其市场竞争力是不容忽视

的，未来的发展潜力也是巨大的。抖音最初的受众群体主要是喜欢创意的 95 后，现在受众越来越广，视频内容也越来越多样化。

二、快手

与抖音偏潮流化的调性不同，快手更凸显生活化，致力于创造全民分享平台。因此，快手的用户主要还是三、四线城市的居民，年轻人较多，他们热衷于分享自己的生活，通过真实、质朴的内容引起其他用户的共鸣。

三、微信视频号

微信视频号是 2020 年 1 月腾讯公司发布的短视频平台。微信视频号不同于订阅号、服务号，它是一个全新的内容记录与创作平台。视频号内容以图片和视频为主，还能带上文字和公众号文章链接，而且不需要 PC 端后台，可以直接在手机上发布。视频号支持点赞、评论，也支持转发到朋友圈、与好友分享聊天场景。视频号最大的优势是它能跟微信体系的各个模块，如公众号、小程序、微信支付、微信小商店等协同，通过这种无缝衔接来提高交易效率，降低交易成本。

第四节 短视频变现的途径

一、引流变现

引流就是把短视频平台上的粉丝引流到微信或者线下店铺。引流到微信就是在账号简介或者视频中放上自己的微信号，引导粉丝关注微信，再通过微信销售商品。这是一种很常见的做法，很多抖音达人都是这样做的。

案例："鹏哥签名"引流微信，有偿设计签名

抖音达人"鹏哥签名"通过自己的花式签名视频吸引了十几万粉丝的关注，他把自己的微信号放在了抖音个人简介里，并标明"有偿设计"。这样一来，有设计签名需求的粉丝就可以添加他的微信号，并付费请"鹏哥"为自己设计专属签名了。

还有一种引流方式就是向实体店引流，通过拍摄特色产品、店铺环境等内容把短视频平台上的用户引流到实体店铺。既可以自己拍视频，也可以请顾客来拍，拍摄的时候带上店铺的位置即可。一般来说，实体店铺引流类的视频，会被系统优先推送给本地用户。

二、广告变现

广告是所有短视频平台上的达人获得变现收入最直接的一种方式，如果达人没有自己的店铺、产品或者品牌的话，接广告来变现是最合适的。比如，抖音已上线对接广告资源合作的星图平台，达人接广告的主要方式有广告公司派

单、广告主主动找到达人、主动寻找广告主和签约 MCN（Multi-Channel Network，多频道网络）机构等。当用户的抖音号有一定数量的粉丝和稳定的播放量后，广告主就会主动找上门来，该用户通过帮广告主发软广告、硬广告的方式来变现。广告主在制作广告时，一定要考虑到视频的呈现效果，不能一味地追求效益，否则会对自身和品牌造成负面影响；也不要太生硬，以免引起粉丝反感。抖音上很多本地美食号，都是靠广告营利的。

案例："西安美食攻略"推荐美食，为店铺做广告

"西安美食攻略"从最开始的微信公众号逐步往抖音平台发展，它的变现模式也一直延续了下来，那就是做广告。在抖音上，"西安美食攻略"通过美食推荐、探店等方式为西安本地的餐饮店铺做广告，赚取广告费。

三、知识变现

知识变现也是一种很重要的变现模式，这种模式有一个基本套路，就是先通过短视频分享专业知识，吸引一定数量的粉丝后，再开始售卖课程和相关服务。如果用户没有专业知识，还可以做分销商，通过推销课程获得一定比例的分成。很多营销类账号和干货分享类账号走的都是知识变现的路子。在知识经济时代，这种变现方式会越来越普遍。

案例："PS"的知识变现之路

抖音上有名的 Photoshop 教学账号"PS"通过分享 Photoshop 小技巧吸引了一百多万粉丝。如此庞大的粉丝数量，让"PS"有了变现的底气。"PS"选择的变现模式是线上教学，拍摄抖音小视频则是吸引粉丝、销售课程的一个重要途径。"PS"账号的首页背景图上显示招生信息，简介上显示报名通道（微信号），有需求的粉丝可以轻松报名。

四、电商变现

国内几个主要的短视频平台都上线了带货功能。比如,很多抖音达人通过视频分享,激起粉丝的购买欲望,再利用商品橱窗实现转化。

如果用户有自己的淘宝店,就可以在抖音推广自己的产品和店铺,吸引粉丝购买;如果没有店铺和产品也没关系,可以通过推广别人的商品来赚取佣金。

五、直播变现

直播的盈利方式主要有两种:一种是依靠粉丝打赏;还有一种是通过直播推荐和售卖商品。直播还可以加强和粉丝的互动,让粉丝黏性更高,也更容易吸粉。因此,直播带货成了很多短视频达人的首选。

六、IP 衍生变现

很多坚持原创的抖音号都成了超级 IP,并且衍生出很多 IP 附加值来实现变现(如图 3-1 所示),这也是内容变现的绝佳方式。

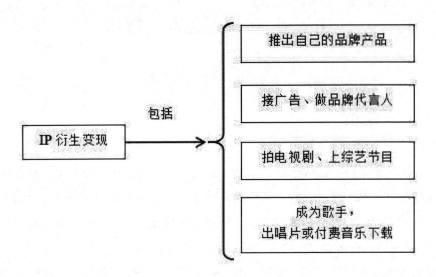

图 3-1 IP 衍生变现方式

  抖音的短视频信息传播方式可以帮助 IP 吸引有相同价值观的粉丝,实现大范围的精准营销变现。随着泛娱乐时代的到来,IP 全产业链价值正在被深度挖掘,那些成名的抖音达人的变现机会也会越来越多。

第五节 短视频运营的技巧

一、定位

好的定位是打造超级话题的基础。在当下的新环境中，如果想要找到适合传播的定位策略，就需要脱离传统的品牌定位，更多地基于传播人群去定位。其核心在于圈定最容易传播的人群，利用信息的独特性，击中圈层人群的传播欲望，以圈层人群为基点向四面八方扩散消息，短时间内达到一个极高的热度，进而依靠热度不断吸引更多圈层人群，最终打造一个既有量级又有转化潜力的营销事件。

（一）产品品类定位

产品品类的定位是，"将某个产品定位在消费者心中，让消费者产生类似的需求，就会联想起这个品牌的产品"。一个产品的定位，要充分结合市场上目标用户分布、消费能力、消费习惯等消费特征，通过详细的市场调研，进行细致的产品细分和定位。必须使自己的产品与市场上其他同类产品有所不同，看上去是市场上的"唯一"。产品品类定位，就是创造产品的差异性，找准产品的卖点和切入点。

（二）消费者市场定位

消费者市场定位所要参考的变量是：目标消费人群及其消费能力、消费特点、获得产品的渠道等。只有消费者市场定位准确了，推广才有可能成功。

（三）传播平台投放定位

俗话说"酒香不怕巷子深"，但在信息爆炸的时代，一个好的产品、好的品牌想要获得良好的市场表现，仅仅靠过硬的产品质量显然是行不通的，还需要适宜的广告推广，即"自卖自夸"。在广告轰炸已经过时的今天，选择什么样的平台传播、采取怎样的"自夸"方式，就变得非常关键，这需要根据产品品类定位和消费者市场定位来综合分析确定。要注意细分行业，精准锁定消费群体，进行定位传播。

二、关联

新媒体环境下，任何能够获得爆发式传播增长的事件，都是因为与用户群体产生了深度的关联，并且利用这种关联降低了用户消化和储存信息的成本，所以更快速、更直接地在用户心中扎了根。

宾夕法尼亚大学沃顿商学院的营销学教授乔纳·伯杰对最热文章进行追踪，提炼出"STEPPS"法则。"STEPPS"中的第一个"S"指社交货币（Social currency），即迎合消费者的炫耀需求；"T"指促因（Trigger），即用刺激物激发人们的记忆；"E"指情绪（Emotion），即通过情绪传染和调动分享的欲望；第一个"P"指公共性（Public），即设计并包装产品和传递原创思想以制造一种行为渗透力和影响力；第二个"P"指实用价值（Practical value），即运用专业知识为消费者创造价值；第二个"S"指故事（Story），即将重要的信息注入故事情节当中，方便大家记忆和口口相传。

其中的公共性、实用价值、故事三个部分，是通过与用户具备强关联的IP，结合产品的某项特征，打造能够让用户关注和传播的超级话题，从而达到传播品牌和产品的目的。

这与当下的传播环境是相吻合的。《创造101》节目正是利用"STEPPS"法则，打造符合年轻社交环境的"社交货币"，通过情绪、实用价值、故事的包装，打造诸多富有公共性的超级话题，最终丰富了需要娱乐性话题的大众的生活，成为一个受欢迎的明星节目。

本书将营销领域中的关联性定义为"借助强IP，打造对用户具有影响力的超级话题，达到传播品牌和产品的目的"。想要利用关联性打造超级话题，在营销中发挥作用，需要具备以下前提：

（一）操盘者需要具备优秀的网感

网感是对资讯的敏感度和对周边环境的感知度。有的人看到网上频繁地讨论中年人养生，第一时间会想到很多中年人都在用保温杯，进一步联想到保温杯里泡枸杞，这似乎成了中年人养生的标配，于是将中年人用来泡枸杞的保温杯做成了热点。

（二）需要一个自带流量属性的 IP

产生关联性的事物，其本身就必须具备话题属性，可以与用户建立较深的联结关系，以吸引更多的目光。当然，很多用户熟知的生活方式、娱乐场景、日常工具，高频共享的场景、空间、时间元素以及情绪、情感等，也是无法用流量来衡量的 IP，在各种广告方法论中看不见它们，在后台的数据中也摸不着它们，但是它们会出现在我们看到的每一个热点、每一个广告之中。

三、趣味

趣味是指创意的表现形式要有趣，让创意更具共鸣性、话题性、争议性和传播性。可以从以下几个方面增加广告营销的趣味性：

（一）会说话

简单来说，会说话就是通过夸奖的语气来满足用户的虚荣心和好奇心。有时候看似不经意却最直白的幽默，会更显有力。例如，江小白的"表达瓶"主打 UGC，在酒瓶上设置二维码收集消费者的想法，由此发布的每一段文案更能引起目标消费者群体的共鸣。同时，江小白把单向的广告变得互动性更强，将产品变成一个超级自媒体，使得江小白拥有无限的创作空间。

可能有人会认为，好产品自己会说话。但是，只有产品卖得好的人才会说"好产品自己会说话"，卖得不好的好产品，因为品牌缺少记忆度，造成品牌的辨识度差，早早地就夭折了。品牌要学会进取和变通，学会怎么跟 90 后、00 后等年轻一代好好"说话"，要不断顺应时代的变迁。

（二）模拟真实场景，让用户感受细节的用心

2018 年 8 月 1 日，连咖啡在其微信服务号上线了小程序"口袋咖啡馆"，用户可以在小程序里开一家属于自己的咖啡店，亲自装饰咖啡馆和上架商品，并且可以在线上售卖咖啡。

据连咖啡首席营销官张洪基介绍，口袋咖啡馆上线首日访问次数超过 420 万次，开设超过 52 万个线上咖啡馆，其中 10 %以上的线上咖啡馆实现了真实销售，售卖情况最好的线上咖啡馆，仅第一天就卖出 200 多杯，甚至超过很多线下咖啡馆的单日销量。如此惊人的效果，一方面得益于微信营销环境的日渐成熟，另一方面也在于连咖啡对社群裂变营销玩法的创新。这是一套系统地引爆朋友圈的玩法，也处处藏着挠到用户痒处的小心机。

通过模拟真实的咖啡馆场景，用户因为趣味而将自身代入其中，并细致感受到连咖啡对于细节的追求与用心。而这样具有趣味性的互动，使得用户自然而然地与品牌站在了一起，不仅提升了品牌的知名度，还提升了用户的品牌忠诚度。

（三）玩不腻的小彩蛋

泰国广告在广告界以"神反转"著称，很多广告案例都非常经典和精彩。究其原因，是泰国的广告将那些猜中了开头却猜不中结尾的彩蛋玩得出神入化。

无独有偶，如《吐槽大会》等节目形式本身就颇具话题点，品牌的幽默植入也很容易突破观众心防，拉近品牌与观众之间的情感距离，进而引起病毒式传播。

（四）不如一起玩游戏

当下的年轻人是活力无限、热爱游戏的一代，因此，品牌要有针对性地用激励的方式满足用户的游戏心理。

耐克在前几年研究出了可以让消费者在运动中获得弹簧般缓震回弹感觉的"Nike Epic React Flyknit"跑鞋。为了宣传和推广这款产品，耐克花了2 000万元在微信小程序游戏《跳一跳》中投放广告，将品牌露出和游戏玩法紧密结合，进行创意植入。游戏玩家跳上耐克定制盒子之后，基座会变色并出现"NIKE REACT"（品牌名称）的字样，稍做停留即可获得 20 分的额外加分，并看到"Go"（走）的动效。"弹""跳"既是《跳一跳》的玩法，也是耐克 REACT 系列跑鞋的特性。游戏和跑鞋"神同步"地一跳，既融合了游戏原有设置，让用户在沉浸式体验中感受产品特点，也大大提高了用户对新品的认知度和对品牌的认同感。而随着《跳一跳》的招商，品牌将有更多机会植入游戏中，拉近与用户之间的距离，让社交游戏与品牌创意碰撞出不一样的火花。

（五）制造点声响

制造点声响，就是通过对不同感官的刺激来加深和增强用户对产品的印象及代入感。比如前几年很火的节目《偶像练习生》，通过明星带火了"Balance"（平衡）这个词。简单来说，声音作为操作行为的一种反馈，在提示用户的同时，可以增强代入感，也可以打破常规，吸引用户注意。

综上所述，不论是以上哪种手段，在使用之前都要认清，趣味是内容在各个环节上的一种锦上添花，增加趣味性需要在满足产品功能的前提下进行，不必为了有趣而强行有趣。在营销策划的过程中，也要多思考是否可以做更多深入的细节优化，反复推敲，在适当的场景中融入细腻的情感化设计，让趣味成为营销创意的点睛之笔。

四、传播

有效的品牌传播需要有效的传播策略，一个好的传播策略不仅可以帮助企业的品牌传播聚焦资源，找到目标受众，投其所好地进行精准投放，还可以在出现问题的时候帮助企业及时调整，使品牌传播的大方向不发生偏移。

打造现象级传播不是靠运气，而是在一套客观、系统的传播策略支撑下的必然结果。一次现象级传播事件的产生，必然是精心调研、全面策划、脚踏实地执行等各方面因素优势互补、同向合力的结果。

（一）找准传播内容与大众需求的契合点

不管是视频还是文案，传播内容能否得到用户的关注，关键在于能否精准地满足用户的心理需求，这是打造现象级传播的核心。在进行内容确认时，一方面应当充分了解用户和普通大众的精神文化需求；另一方面需要对新热点、新趋势保持高度敏感，挑选用户关注的热点问题，对话题的传播效应和市场的动态做出前瞻性预测。在进行营销策划时，应当深度挖掘本轮宣传的核心素材，进行再加工、再整合，提取出内容精华，一方面吸引用户点击分享，另一方面借助当前热点事件进行关联宣传，引导潜在用户点击分享。

（二）用匠心精神做精品内容素材

传播工作的本质是对内容素材的打造及传播，每一个现象级传播案例，毫无例外地都是内容制作者智慧与心血的结晶。欲打造一个现象级传播案例，除了瞄准用户的客观需求之外，内容制作者的素质也是产生精品传播素材的必要条件。内容制作者的知识积累和阅读品位直接影响作品的内容质量，进而影响作品与用户的契合程度；内容制作者的文字能力和责任意识直接影响作品的编校质量，进而影响用户的阅读效果；内容制作者的审美水平和创意能力直接影响作品的外观质量，进而影响潜在消费者的第一印象。因此，打造现象级畅销案例，前提是需要对精品内容素材有敬畏之心。

（三）发挥 KOL 的作用，制造粉丝热点话题

KOL 作为活跃在社交传播网络中，利用微博、微信等传播平台为粉丝提供信息、观点和建议并对粉丝施加个人影响的关键性人物，连接着大众传播与人际传播。鉴于 KOL 在所处行业、领域中的权威性，信息传播流到达 KOL 后，再由 KOL 传达给粉丝群体，会使得信息内容更具可信度和说服力。各业界 KOL 的认同和公开推荐，可以让整个作品传播度更高、传播范围更广，并极有可能引起热点效应，成为粉丝热议的话题。

（四）借力使力，再度造势，持续引爆市场

受众每天接触海量信息，非常排斥填鸭式的灌输宣传和硬性广告。因此，想要使一个具有优质内容基因的作品达到现象级的传播效果，还要学会借力，树立话题意识及事件营销意识，针对策划的传播内容进行话题设计，通过开展活动与事件营销进行宣传。

（五）利用大数据进行精准宣传

媒介技术的发展使多元策划与宣传成为可能，对企业的营销和传播能力也提出了新的、更高的要求。大数据技术能够记录大众在网络中的行动，如在购物网站各个板块停留的时间、浏览频率、购买记录及购买内容等。企业可以依据这些数据分析潜在用户对阅读内容的偏好、媒体使用习惯等关键信息，从而实现对用户群的精准定位和内容的精准推荐。

五、参与

人们的消费观念正在发生变化，从最初的"功能式"消费演变为"品牌式"消费，再到"体验式"消费，如今已进入"参与式"消费时代。消费观念的改变也意味着营销传播不再囿于产品属性，更多地向社会属性延伸：让用户参与其中。

除了制造好的内容、提供丰富、便捷的参与形式之外，广告主还可以通过一些小窍门来增强用户参与的积极性，降低用户参与的门槛。

（一）测试类互动

每年年末、年初的时候，会有大量的平台做年终盘点和未来展望。比如网易云音乐会盘点用户在这一年听的歌曲，为用户生成一个年度歌单；支付宝也会做一个用户参与性比较强的支付宝年度账单，很多网友在朋友圈中晒出自己的年度账单，并且根据账单来判断自己和他人的经济情况。

（二）模仿

模仿是用户参与 UGC 内容生产的常用形式。比如风靡网络的 UGC 产品抖音 APP，以及前些年比较火的小咖秀等，都是基于一段背景音乐来创作属于自己的内容。

（三）挑战

参与挑战这种形式有一定门槛，但很有趣。比如游戏《合成大西瓜》，大家纷纷在朋友圈和微信群里晒出自己合成的大西瓜。

目标用户参与一个品牌的互动，说明对该品牌有了初步的兴趣，此时，品牌最应该做的就是对这种兴趣进行价值深挖，让目标用户参与品牌互动环节，将其打造成铁杆用户。

综上所述，参与式营销的方式有很多，没有哪一种是适用于所有品牌与企业的。最关键的是，品牌要真诚地听取用户的意见，积极反馈用户需求，与用户真正互动起来，让用户获得参与感。

六、转化

有流量的地方才有市场，市场的好坏看转化。

对一个企业来说，在做产品营销之前一定要先将计划做出来，只有明确了步骤和目的，才能真正找到方向。不管多困难，也要认真完成每一步计划，这样才能够有效提升营销转化率。

做事情如果没有方法，是不会有效果的，做营销也是如此。只有发现了问题的核心解决办法，才能真正使营销发挥最大的转化效果。

在做营销的路上，还需要不断地总结与发现。只有不断地总结，才能找到影响结果的关键因素，才能更好地提升转化率。

一个产品，在不同的时间段下，用户对它的需求也不一样，只有保持不断改变营销模式的心态，才能够在变幻莫测的市场中找到自己的营销定位。对做营销的人来说，只有不断地学习和模仿，才能够知道自己的产品到底适合什么样的营销模式；只有不断地提升市场和营销洞察力，才能够真正获取更多的营销转化率。

案例1：蜜雪冰城靠"短视频+音乐"火遍全网

2021年6月3日，蜜雪冰城官方账号在哔哩哔哩网站（B站）发布了中文主题曲《你爱我，我爱你，蜜雪冰城甜蜜蜜》的音乐短片（MV），随后凭借略显"土味"的画风、直白的歌词和简单轻快的旋律，火速席卷全网。蜜雪冰城趁热打铁，陆续在B站、抖音、快手、微博等平台发布多语种版本，形成了大规模的传播矩阵。

1. 轻快旋律搭配直白歌词，线上线下融合双向营销

在此之前，蜜雪冰城在一众茶饮品牌中长期处于"小透明"状态，主打三、四线市场，凭借薄利多销的模式得以发展。相比其他茶饮品牌，蜜雪冰城在一线城市并不出众，处于人们的视线边缘。但此次利用主题曲MV营销的方式让其在短时间内成为茶饮圈"顶流"。

蜜雪冰城发布的中文主题曲MV只有短短的25秒，以美国乡村民谣《哦！苏珊娜》为基础曲调进行创作。可爱的"雪王"与其女朋友"雪妹"（"蜜雪冰城"品牌形象）以不同的造型出现在充斥着卡通元素的屏幕中，伴随重复的

背景音乐跳舞。曲子看似平平无奇，却让 B 站网友听了一遍又一遍，起到了让网友直呼"再也忘不掉"的宣传效果，称得上是新一代网络神曲。

这场"意外"走红，得益于品牌方病毒式传播的营销。首先在内容上，基础曲调《哦！苏珊娜》本身就是一首非常经典的乡村民谣，受众对于旋律本身有一定的接受度，而单一、直白的歌词使得主题曲易于上口，在传播过程中进一步加深了受众的印象。歌词创作者利用"你爱我，我爱你，蜜雪冰城甜蜜蜜"在有限时长中的循环重复对关键词进行强化，受众能通过视频非常直观地感受到品牌想要表达的主题，并在脑海中形成反复记忆。

其次，在传播渠道上，蜜雪冰城官方账号将 MV 短视频投放到 B 站、微博、抖音、快手等平台，略显"土味"的画风契合了当下一些年轻人认为"土到极致就是潮"的猎奇心理，吸引了受众的注意力。截至 2021 年 6 月 27 日，中文版 MV 播放量已突破 420 万，更不用说还有其他语种的 MV 以及衍生视频，足见其受众范围之广。

数量庞大的线下门店和线上渠道的有机联动也是助推这场营销的重要因素。蜜雪冰城发展到现在，已经拥有了 1.5 万家实体门店，超低的产品定价带来了高频的用户复购。庞大的门店规模和用户数量使其积累了大量的线下流量。当其所有门店播放的音乐都换成自己的主题曲时，不管用户主动与否，在信息的狂轰滥炸下都会潜移默化地受到影响，并且产出相关短视频反哺线上。

线上与线下营销融合起来形成完备的宣传体系，相互引流，吸引更多用户了解相关信息，使营销效果最大化。

2. 社交货币多平台拓展，裂变传播助二次宣传

"社交货币"最早由法国人类学家、社会学家皮埃尔·布尔迪厄提出，可以把它理解为在社会交往中用于交换的物品。社交媒体上的热点话题其实是在满足用户寻找同类和相似人群的社交需求。蜜雪冰城主题曲本身作为社交货币活跃在各个平台，在不断增加话题热度的同时，也在无形中为品牌进行了二次宣传。

以"蜜雪冰城"为主要关键词的各类衍生视频不断拓展，在多个平台形成

交叉传播，由此吸引更多用户了解并参与讨论。在 B 站，视频发布者的花式改编版本——古风版、京剧版和日语版相继出炉。更有中央广播电视总台创新发展研究中心参与，在蜜雪冰城原编曲的基础上重新填词改编，邀请名人进行演唱，其版本在 B 站的播放量累计超过 700 万，网友发布的评论中不乏"甜蜜蜜""蜜雪冰城"等字眼。

抖音上则兴起了"去线下门店唱主题曲赢免单"的活动，大批抖音用户拍摄探店视频，带上了"蜜雪冰城"话题。甚至有抖音网友拉着二胡或吹着唢呐在门店演奏蜜雪冰城主题曲，引得路人纷纷驻足。虽然蜜雪冰城官方回应并没有组织相关活动，但网友们的行为无疑又为品牌增加了热度。微信朋友圈也一度出现大量"你爱我，我爱你"式文案。

在 B 站、抖音等短视频平台，用户之间建立的是一种弱关系。用户可以进入"蜜雪冰城"相关话题与其他用户进行互动，不同用户在话题中产生连接，在交流的过程中又有新的内容产生。微信相较于前两者，其用户之间建立的是强关系。用户通过朋友圈分享状态，在认识和熟悉的人之间引发互动，起到更强的吸引作用。蜜雪冰城依托社交网络，打通各平台，形成一种社交风潮，在从众心理与群体感染机制的影响下，打造了影响巨大的裂变传播。

3.音乐与短视频有效结合，高频互动增强用户黏性

蜜雪冰城将其主题曲 MV 的时长控制在 25 秒，辅以轻快的背景音乐和活泼生动的动画场景，符合受众在碎片化信息传播背景下接收信息的方式，极大地增强了信息传播的有效性。音乐与舞蹈短视频结合，营造了强烈的视听冲击效果，实现了用户吸引力的成倍增长。该主题曲爆红后，其他创作者对其背景音乐加以改编后进行二次传播，不仅扩大了音乐作品本身的传播范围，也吸引了更多受众去观看原版视频，从而达到音乐与短视频互相依托、相辅相成的效果。

对于音乐短视频传播来说，音乐听觉的使用体验搭配视频动态、形象的呈现方式，能够给用户打造立体化信息接收体验，满足用户在新媒体环境下日益复杂化的需求。

在后续的营销中，无论是蜜雪冰城发布多语种视频主动引导用户进行二次创作，还是被抖音网友倒逼开展的"给父亲唱蜜雪主题曲赢惊喜"活动，都是蜜雪冰城为了提升用户黏性而做出的努力。与网友之间积极的交流和互动缩短了品牌和用户之间的距离，使得品牌能够更好地了解用户的意见并不断改进营销方式，从而提升用户对品牌的认可度和忠诚度，增强传播效果。

案例2：磨铁图书花式推广图书

磨铁图书是一家主营大众类畅销图书的图书策划公司。自2007年创立以来，磨铁图书专注打造优质内容，并逐步完成包括纸质图书、原创网络文学等项目在内的综合产业生态构建。随着产业融合热潮的兴起，磨铁图书又深耕以IP为核心的内容策划领域，并逐步拓展至影视娱乐行业，先后出品《从你的全世界路过》《悟空传》等市场认可度较高的影视作品。如今，"出版+短视频"业态的不断繁荣，促使磨铁图书整合固有产业资源，以千万粉丝矩阵为依托，进军短视频营销行列。截至2022年年底，磨铁图书的抖音账号共发布301个作品，收获了57.4万粉丝和687.4万点赞。根据抖音电商发布的《2022抖音电商图书消费数据报告》，抖音电商平台上的图书商家呈"纺锤型"分布，中等经营规模的商家成为中坚力量，成交总额同比增长87%。从图书销量来看，磨铁图书是销量增长最快的出版机构之一。

1.场景化营销：解读和演绎故事情节

对图书来说，产品、内容和用户都是核心的营销突破点，而在短视频营销方式的选择上，人们也不再局限于"内容为王"的单一诠释方式，而是通过生动的场景为图书营销提供更多可能。

磨铁图书颠覆传统营销认知，通过在短视频中构建特定场景来吸引年轻受众。一方面，磨铁图书在短视频中采用人物问答形式，对书中的精彩细节和经典语句进行阐释和强调；另一方面，磨铁图书会根据故事情节进行情景演绎：首先设定一个特定场景，通过制造惊喜、无聊和急迫等不同情绪，为故事的发展埋下伏笔，随后让产品出现，再诠释产品存在的合理性和必要性。整体来看，虽然短视频情节简练，但是能将产品价值和销售理念深刻地植入其中，从而达到很好的营销效果。

2. 关联式营销：名人和名剧拉近距离

在"万物皆媒"的互联网时代，网络"大V"、新晋名人等群体出书成为市场常态。同时，众多知名作家在积累了大量口碑的基础上拥有大批忠实读者。在短视频营销过程中，磨铁图书深入挖掘该类资源，充分将知名作家、网络红人等融入营销活动。比如，《乖，摸摸头》的宣传引用了作者大冰的真人音频，通过对视频进行细腻的剪辑和拼接，为读者传递内容丰富的视听元素；《春风十里不如你》的宣传邀请了作者冯唐亲自做客直播间，短期内就吸引了大量读者；《罗马》等作品的短视频则由影视明星通过朗诵的方式进行呈现。磨铁图书的短视频营销并没有拘泥于单纯的明星口播的传播方式，而是通过展示作者的笔名由来、名人的生平经历和新书的签售情况等信息，将粉丝群体与营销产品充分关联，寻求多种触发点。例如，"沈复和陈芸的爱情故事""李白追星也疯狂"等视频话题都充分吸引了读者眼球。

3. 裂变式营销：参与并带动热点话题

磨铁图书的短视频营销注重开展参与式活动，通过细分读者、发起话题和引导评论等进行裂变式营销，以持续激活品牌生命力，增强品牌的市场参与感。磨铁图书通过细分读者群体，向特定受众展开信息分发。比如，针对中学生群体推送提升文学素养和写作水平的读物；针对注重生活品质的人，则重点推送实用小科普、睡前必读刊物等选购攻略；针对小说书迷会推送小说排行等内容，从而为忠诚度高的读者提供福利。

在引导评论方面，磨铁图书策划了情景采访等现场互动的短视频。比如，针对《北京女子图鉴》这本书推出的采访视频"你为什么来北京"，内容既符合当下年轻人的主流话题，也能正面带动图书的宣传和销售。

磨铁图书还在抖音、快手等短视频平台参与"方言来读书""南国书香节"的社区话题挑战，借助这种人际型触发方式使图书产品信息进行病毒式扩散，为社交分享持续提供动力。同时，磨铁图书加入了抖音的"海草计划"，通过抖音的多数字渠道分发手段，获得专项的资源扶持和流量接入。

4.一站式营销：创造和巩固交易闭环

从微观视角来看，磨铁图书的短视频作品主题多样、风格各异。这些碎片化的作品打通了线上线下的一站式营销路线，并创造和巩固了完整的图书交易闭环。

磨铁图书通过生动的作品演绎展示了实体书的细节，其打造的短视频总是有实体书入镜，包含封面、材质、腰封和书签等具象元素，以及人物、情节等抽象元素，配合挂件、手办等精美赠品，为读者呈现丰富的产品信息。短视频镜头还直击图书的内容页面，截取书中内容进行剧透，增强读者的期待值和购买欲。在让读者充分了解产品细节后，磨铁图书在短视频平台还单独设立商品专卖区，并与磨铁专卖店、当当网和京东等平台合作，读者可以在品牌的"橱窗区"浏览任意商品，并进行一键购买和售后晒单，在享受多样服务的过程中达成图书交易。

第四章 微电影营销

第一节 微电影营销概述

数字媒体技术不断进步带来的数字革命浪潮，促使新的媒介形态不断发展，新的媒介形式不断涌现。微博、微信等新的媒介形式就是在这样的时代背景下产生并逐渐发展起来的。作为微时代重要的媒介形态，微电影以其独特的渠道平台引发了社会各界的广泛关注。如何有效地将微电影与资本完美融合，创造新的价值，获取更大的社会效益和经济效益，已经成为电影界、营销界共同关注的话题。

在介绍微电影营销之前，我们有必要先了解一下微电影这一微时代新生事物的基本概况，以便更好地理解微电影营销。

一、微电影概述

当你打开各大视频网站时可能会发现，在"电影"这一栏的分类目录里多了一类"微电影"。一般情况下，微电影比传统电影时长短，有爱情、喜剧、文艺、惊悚等种类，能够满足用户碎片化的观影需求。微电影应用广泛，比如企业宣传会拍摄广告微电影，夫妻结婚会拍摄爱情微电影……

（一）微电影的起源

关于微电影的起源众说纷纭。有人说微电影起源于视频广告短片，以凯迪拉克的《一触即发》为代表；也有人说微电影起源于网络草根短剧，其中以胡戈的《一个馒头引发的血案》为盛；还有人说微电影起源于电影短片，例如2001年伍仕贤导演的片长11分钟的电影《车四十四》。与其探究微电影的起源，倒不如认为微电影是在各种类型视频的基础上不断借鉴、交叉和融合发展起来的集大成者。

（二）微电影的定义

2011年1月，导演杨志平率先提出了"微电影"这个概念。微电影即微型电影，但在国外并没有这样的名称，国外把微电影统称为短片，比如，夏纳国际电影节只有最佳短片奖而没有最佳微电影奖。就此来看，微电影是中国化的词语，是后技术时代下传统电影和网络视频短片相结合的产物。由于微电影兴起时间较短，国内对微电影并没有一个公认的定义。

一些业界人士认为，通常而言，微电影指作品时长在一分钟以上、有完整的故事情节、适合在新媒体上观看的视频内容。著名导演陆川认为："微电影就是由以前的短片演变而来的，只不过微博诞生后，短片也赶时髦，换了个'微电影'的新名称。"

学术界更倾向于结合电影的本质特性来分析。例如，中国艺术研究院丁亚平认为："微电影是除影院电影、电影短片之外的'第三电影'。微电影可被视为一种文化文本，它兼具以微时代为背景创生的电影运动，以市场为核心反映互联网新形态和当代媒体新格局及其优势的商业运动，以及知识分子社会批判的萌发和基础性的风向标。"浙江师范大学黄钟军将微电定义为"在网络和新媒体平台播放的视频短片，具有完整的策划和故事情节，片长在30秒至50分钟之间"。中国传媒大学潘桦则如此界定微电影："所谓微电影，是产生于新媒体时代，主要依托于网络、手机、平板电脑等新媒体平台，具有微时长、微周期、微投资等特点，区别于传统大电影制作模式的一种电影新形态。"

（三）微电影的特征

从各界对微电影的定义不难看出，大家公认的微电影具有以下几个特征：

1. 微时长

与传统电影通常要一两个小时的时长不同，微电影短则几分钟，长则二三十分钟。即使是分集播出的系列微电影，总时长也大多控制在一小时以内。

2. 微制作

微电影的时长决定了它不必像传统电影那样耗时耗力，即使是高成本投入的高品质微电影，花费也远远低于传统电影。较低的准入门槛催生出众多的草根微电影。

3. 以新媒体为传播平台

微电影诞生的时代背景决定了它不需要再走传统的院线投放路径，微电影往往选择手机、平板电脑、电脑等更符合大众接收习惯的新兴媒介作为播放平台，到达率和普及率相对较高。

4. 受众参与性强

网络媒体时代信息互动性更强，受众参与广告主微电影制作的机会也越来越多，如前期的剧本创作、中期的宣传预热和后期的话题讨论等，这使广告主在进行病毒式营销时游刃有余。

5. 故事性强

一部好的微电影就是一个好的故事，它包括好创意、好情节、好制作等多个方面。怎样在短时间内讲好一个故事，是微电影制作时必须深入思考的问题。

二、微电影营销诞生的背景

2011 年 11 月 25 日，国家广播电影电视总局（现为国家广播电视总局）下发了《〈广播电视广告播出管理办法〉的补充规定》，将《广播电视广告播出管理办法》第十七条修改为："播出电视剧时，不得在每集（以四十五分钟计）中间以任何形式插播广告。播出电影时，插播广告参照前款规定执行。"同时明确该规定自 2012 年 1 月 1 日起施行。这促使广告主寻找新的营销传播渠道，于是，微电影适时而生。

微电影是微时代的产物，微电影营销也是适应微营销的发展而出现的。在数字营销盛行的今天，微电影作为广告主营销传播环节的重要组成部分，已经开始大范围地活跃在网络社交环境中。

（一）新兴媒介不断出现，营销方式不断创新

互联网的普及改变了人们的生活方式。正如微博和微信等社交平台改变了人们获取信息的方式一样，借助微博成长起来的微电影，也在潜移默化地改变着人们传达信息的方式。许多广告主不断更新、变换营销方式，在微电影营销诞生之初就对其予以高度重视。营销环境的变化从未停止，给行业发展带来了无限的可能。近年来短视频、直播等娱乐方式受到年轻人的青睐，微电影营销逐渐趋于成熟。微电影营销以一种更软性的营销方式将产品功能和品牌理念传达给消费者，是一种消费者喜闻乐见的营销方式。需要注意的是，微电影营销并不是孤立存在的，它必须与数字时代的各种营销方式相结合才能发挥最大的效用。

（二）快餐文化流行，受众需求转变

随着人们生活节奏的加快，社会上出现了"快餐文化"，即人们没有充裕的时间或人们不愿意花费更多的时间去仔细观察和了解某事物、某人或某种社会现象，这导致快餐消费行为的出现。微电影凭借篇幅短小、内容集中的特征，在当下快节奏的生活中脱颖而出，适应受众求新、求快的心理，从而达到良好的营销效果。在"眼球经济"时代，营销的关键就在于适应新环境，伺机而动。因此，企业要搭上微电影这班车，充分了解消费者的心理变化，维护好与消费者之间的关系。

（三）碎片化的时空，碎片化的注意力

人们已经进入信息大爆炸的时代，越来越多的媒介开始争夺受众有限的注意力，这与互联网环境带来的受众时间和空间的碎片化形成了深刻的矛盾。微电影的出现恰好在一定程度上解决了媒介和受众的这一矛盾。微电影形式简单，短小精悍，能够满足人们在移动状态或短时休闲状态下的观看需求，很好地适应了受众注意力碎片化的特征。

（四）微电影天然的商业属性

微电影从诞生之日起就与广告结下了不解之缘。广告作为微电影市场成长壮大的主力军，本身充斥着商业气息。在广告大战的硝烟中，微电影可以有意无意地淡化产品的广告色彩，通过情感诉求的方式引起观众的心理共鸣，博得广告主的青睐。微电影为广告主产品的推广、品牌形象的宣传和品牌理念的传达提供了一个新的传播载体。微电影广告传播成本低、性价比高，可以根据观众的喜好有针对性地投放，使广告主的营销活动更加精准，而且好的微电影营销可以促使观众主动去搜索和推荐微电影，形成病毒式的口碑传播。

三、微电影营销的定义

2010 年，由《一触即发》引发的微电影狂潮，标志着中国微电影元年的到来。2011 年，微电影继续蓬勃生长，开始被很多广告主用来开展营销活动，"微电影营销"的概念应运而生。也就是说，微电影营销是商业和微电影联姻的必然结果。

有学者把微电影营销定义为："广告主利用短小的电影制作模式，将品牌文化、精神、产品等代表广告主形象的符号，融入具有完整故事情节的剧本，于无形中推广广告主品牌、渲染品牌文化，使消费者在观看视频的过程中既享有娱乐的快感，又达到推广目的的一种介于传统广告与商业电影之间的营

销模式。"

简单地说，微电影营销就是微电影广告营销，其本质是微电影的广告植入。值得注意的是，微电影式广告和广告式微电影还是有细微差别的。微电影式广告的侧重点是电影，即以电影的故事情节为主，植入的广告为辅。例如，《女人公敌》就是在讲述故事的同时，巧妙融入了聚美优品的广告。广告式微电影则不同，它以广告内容为主，把一系列广告情节拼凑起来形成故事完整的电影。例如，益达《酸甜苦辣》系列，以益达口香糖为主要传播内容，只是因为制作者试图将情节串联起来，才形成了一个完整的故事，使一则广告具有了电影的特性。实际上，过多地强调区分微电影式广告和广告式微电影，正如过多地纠结微电影营销本身的定义一样，对于市场营销并没有太大的意义。因此，通常情况下，可将微电影式广告和广告式微电影统一划入微电影营销的范畴。

四、微电影营销的类型

利用微电影做营销已经被很多广告主选用，到底拍摄哪一种类型的微电影较为合适，不同的广告主会在不同的时期根据市场大环境作出判断。一般来说，从拍摄的角度看，微电影可分为两种类型：

第一类是草根微电影，即广告主与草根原创者一道拍摄的微电影。微电影拍摄对设备的要求并不高，只需要一部手机或数码摄像机即可完成。从微电影兴起至今，有很多网友拍摄的原创微电影作品走红网络，这类作品的创作者以草根为主，他们的微电影一般统称为草根微电影。广告主借助草根创作者拍摄的微电影进行营销，不仅能够节约成本，而且比较容易产出与产品的品牌调性相符的作品，起到宣传自身产品和提升品牌形象的双重作用。

草根微电影一般可以分为两种：

一种是网络草根微电影，这类作品以胡戈为七喜拍摄的系列广告微电影为代表，如《七喜广告之"史上最温馨的情侣"》《七喜广告之"圣诞节许愿"》《七喜广告之"最绝的蝴蝶效应"》。七喜充分借助胡戈凭借搞笑短片《一个馒头引发的血案》积累下的人气和胡戈自身幽默搞笑的风格做了一次非常划算的营销。

另一种是校园草根微电影，主要是指广告主与高等院校合作拍摄的以大学生活为主题的微电影，这类作品旨在以隐性表达的方式宣传广告主的产品、服务或形象。

第二类是专业微电影，即广告主与视频网站合作拍摄的微电影。2013 年是微电影走向成熟的一年，微电影的情节设计越来越细化，整合营销也不断深入。2013 年也是视频网站竞争最为残酷的一年，视频网站间的竞购与合并、新媒体带来的移动视频终端的崛起等无不提醒着各大视频网站必须以内容为王。面对激烈的市场竞争，广告主和视频网站要想创造出双赢局面，就必须在拍摄微电影时进行合作。

专业微电影一般可以分为两种：

一种是企业自组团队独立拍摄出品的微电影，常常冠有"××公司出品"的字样。这类企业往往资金雄厚，一般都会请专业的影视公司或创作团队拍摄制作，以产出高品质的微电影，甚至会请一些当红的名人明星参与到微电影的拍摄当中。比如伊利旗下的金典与安慕希联合推出"金安影业"，打造《万福金安》系列贺岁微电影。其中，《万福金安 2022 之有虎气》由金安影业荣誉出品，YTN Studio 联合制作，邀请了两位喜剧大咖联袂出演——两位表面光鲜的职场高层，却在辞旧迎新之际遭遇本命年职场危机，二人逗趣巧思化解难题，终迎来虎年好"虎"气。伊利还为此打造了"万福金安"微博话题，聚拢伊利旗下子品牌各自的影响力和传播力，将话题引爆，短时间就收获了高达 13.7 亿的阅读量、29.3 万的讨论量。

另一种是由视频网站出品、广告主植入广告的微电影，常常冠有"××视频网站出品"的字样。视频网站为了获取更多的独立播出资源，往往会自制微电影，以降低版权购买成本，增强自身竞争力。比如由科鲁兹投资拍摄、优酷和筷子兄弟电影工作室联合出品的《父亲》之《父子篇》与《父亲》之《父女篇》，均以亲情为出发点，幽默中不失感动，向受众讲述了父爱的伟大，这也是筷子兄弟继微电影《老男孩》后的又一部佳作，进一步提升了科鲁兹品牌在受众心中良好的公众形象。

由此不难看出，微电影作为广告主投放广告、开展营销活动的一块阵地，凭借强大的互联网传播平台，已经成为广告主的宠儿。广告主若想在网络海量的信息中脱颖而出，就必须充分利用受众碎片化的时间和空间，尽可能多地向受众展现品牌自身的价值，找到广告主品牌娱乐营销的创新切入点。

五、微电影营销模式

营销模式的核心在于如何执行。把一个好的营销策划方案执行到位，取得最大的营销效果，就是最好的营销模式。通常微电影的营销模式有基于口碑传播的自愿分享式、院线联动式和线上线下互动整合式三种。

（一）自愿分享式：自发传播，多次传播

如果微电影总是需要前期的宣传才能达到高点击率，就没有实现真正的微成本投入。一部好的微电影必定能做到与受众内心契合，引发受众的共鸣，进而开启受众的自动传播模式。不管是虚拟世界里的"草根大号"还是现实世界里的明星名人，广告主的微电影要能调动他们自愿分享的积极性，实现信息的多次传播，这样才能真正地降低微电影的营销成本，达到良好的营销效果。

（二）院线联动式：网院联动，新旧媒介的联合

微电影再"微"也是电影的一种，因此，一些有心的商家想到了借助两者的共性实现互联网和电影院的联动宣传，将新旧媒介巧妙地联合起来，吹响品牌营销的号角。例如，2019年引爆各大新媒体平台的微电影广告《啥是佩奇》，是春节贺岁动画电影《小猪佩奇过大年》联合中国移动、丁香园、阿里影业推出的先导宣传片。影片刻画了一个笨拙又可爱的农村老人，因孙子点名要佩奇，自此踏上了一条荒诞又温情的寻找佩奇之路的故事。片中虽然没有把电影名

称、上映时间等电影宣传的核心要素放在首位，但是实现了对佩奇这一品牌形象的本土化普及，以高效的情感传递直击人心，实现动画片的现象级破圈。这种网院联动的新模式将独立成片的微电影当成大银幕电影的超长预告片，实现了微电影互联网点击量狂飙和院线电影票房井喷的双赢。

（三）线上线下互动整合式：线上线下多渠道整合，共同发力

广告主在开展营销活动时需要充分利用社会化媒体互动的优势，实现线上线下内容的多渠道整合，使营销效果最大化。例如，2012 年伊利子品牌每益添赞助的微电影《交换旅行》，其主演在拍摄之前就在微博上与网友展开了互动，征求拍摄方向及意见，海量的粉丝回复与转载使还未开拍的微电影备受关注。更重要的是，主演自身的话题性提高了伊利品牌在传统渠道的曝光率。多渠道的整合营销传播使该微电影将伊利每益添"健康生活"的理念和产品"有益健康"的卖点完美地展现出来。

六、微电影营销在中国的现状

微电影营销在中国的发展日趋成熟，但仍存在许多问题。对广告主而言，率先找出问题予以解决，并在后续活动中加以规避，是占领市场先机的关键。目前我国的微电影营销主要存在以下问题：

（一）内容创新性不足

微电影作为内容产业的一部分，决定了其必须以优质的内容取胜。但反观市场上的一些微电影，往往本末倒置，只注重外在表现形式，忽视内容的创新，话题重复、同质化现象比较严重。创意是微电影内容的核心，也是微电影营销的制胜点。产出内容丰富的微电影，不仅是广告主投资拍摄时需要明确的目标，而且是各大视频网站需要注意的问题。质量不高的微电影长期充斥网络，对广告主的微电影营销效果乃至整个微电影行业的良性发展都会产生负面影响。

（二）广告主过度消费微电影

很多广告主在看到微电影带来的良好营销效果后，盲目跟风，导致市场上一时间充斥了大量质量参差不齐的微电影。很多微电影的拍摄违背初衷，营销效果难以保证。不同于传统的观影模式，社会化媒体的受众自主选择观看，即受众看或不看，看多看少，完全由自己决定。因此，微电影质量的好坏极大地影响着受众的选择。一些微电影广告为了追求点击量而传播一些暴力、色情的广告内容，使消费者对微电影广告产生了抵触心理，长此以往，低质微电影泛滥，微电影广告营销产生的正面影响将被消磨殆尽，阻碍微电影行业的良性发展。

（三）营销效果较难评估

要对微电影的营销效果进行评估，一般从两个维度着手：一是空间维度，包括对传播效果和经济效果的测量。其中，网络视频点击量、转发量和评论量等是衡量的重要指标，但如果仅用这几个指标进行评估，只能观察到微电影对广告主的显性影响，对于广告主品牌知名度、美誉度提升的隐性影响很难量化。二是时间维度，主要是从微电影播出前、播出中、播出后的效果来判定对广告主的影响。现在市场上很多数据公司提供的数据是在既定偏向的前提下获取的，不能做到完全客观和公正，在一定程度上加大了广告主投资拍摄微电影的风险。这些都对广告主设置营销效果评估指标提出了更高的要求。

（四）短视频掩盖微电影的声量

近年来，短视频发展迅猛，一些高质量的短视频逐渐超越微电影的声量。但短视频井喷式的发展也面临着微电影发展初期遇到的问题，即同质化严重、内容缺乏深度、内容浮夸失真等。以内容为王的微电影依然是以艺术形式呈现内容、建立与受众的情感联系、输出内容同时增加认同的利器。因此目前微电影营销仍然可以达到提高品牌知名度与美誉度的效果。

第二节 微电影营销的特点和价值

一、微电影营销的特点

微电影营销从植入式广告蜕变而来，借助互联网平台大放异彩，在社交媒体的影响下深入人心。了解 Web 3.0 时代微电影营销的特点，有助于我们更有效地利用微电影开展营销活动。

（一）微电影营销具有明显的"三微"特征

微电影微时长、微周期、微投资的"三微"特征，使广告主拍摄微电影更加容易，成本更加低廉，营销活动的开展也更加方便。相较于传统电影，微电影的时长虽然更短，但依然具备完整的叙事能力，且内容提炼度更高，有助于受众在碎片化时间和移动状态下观看，传播速度更快。同时，拍摄周期短、投资成本低等特征也使得微电影广告与传统广告相比具有更高的成本效益，是广告主决策考量的重要因素之一。

（二）微电影营销具有双向互动的特点

传统的广告是单向线性的，受众只能被动地接受，广告主与受众间的沟通渠道窄，互动体验感弱，广告主无法准确把握受众的心理特征和行为方式。在网络背景下成长起来的微电影营销则不同，它是双向的，受众不再是被动的旁观者，他们以参与者的姿态走进了广告营销活动，可以随意观看、自由点评喜欢的电影，甚至可以利用软件进行改编。广告主与受众间的沟通渠道拓宽，互动体验感增强。广告主可以准确把握受众的心理特征和行为方式，扩大广告的有效覆盖面。

（三）微电影营销摆脱了传统广告的投放压力

不同于传统电影，微电影没有商业票房的压力，可以摆脱院线上映的局限；同时，微电影也可以克服电视广告时段的局限。因此，微电影营销被各方看好，利用微电影进行营销活动已逐渐成为广告主品牌传播的标配。

（四）微电影营销是广告主的一种软营销方式

投放在报纸、杂志、广播、电视等传统媒体上的广告生硬直白，容易使受众产生抵触情绪。微电影营销作为数字化浪潮下的一种新型营销传播模式，为广告主开辟了一条新的路径，巧妙地将广告主的品牌文化、品牌故事与微电影故事情节结合起来，在不知不觉中影响消费者的购买决策，实为一种高明的软营销方式。

二、微电影营销的价值

（一）营销成本较低廉

数据显示，2014 年 CCTV-1（综合频道）黄金剧场电视剧第一集贴片广告价格为每 30 秒316 800元，广告主利用这 30 多万元完全可以拍摄一部长达 10 分钟的微电影。据微电影制作人介绍，一部微电影的拍摄周期在一周以内，从前期策划到后期制作的整个周期仅需一个月左右，用 30 万～50 万元的成本足以完成制作。微电影的网络发行费用较低，甚至是免费的。视频网站购买版权的费用也相对较低。微电影的宣传以新媒体转发、社群自发传播为主，相较于传统的广告营销方式，广告主开展微电影营销的成本优势相当明显。

（二）目标受众更精准

互联网已经彻底改变了人们的生活方式，并猛烈冲击着传统的大众传播市场，这为广告主的营销活动提供了机遇。广告主可以充分利用互联网大数据带来的便利，实现广告的精准投放，针对不同受众群体的喜好定制微电影，将品牌自身核心价值与微电影故事有效结合，更高效地完成营销任务。同时，通过互联网大数据对微电影内容进行分析，广告主能更好地了解受众兴趣，使营销活动更人性化。

（三）传播形式体验好

传统广告越来越同质化，造成受众审美疲劳，微电影则以丰富的故事内容和超大的艺术创作空间，开辟了新的广告路径，取得了传统广告无法比拟的传播效果。微电影赋予产品新的内涵，为产品附加上情感的标签，通过艺术的手法来表现产品特性，使受众对产品产生全新的认识。这既满足了广告主营销传播的需要，又为消费者提供了可观可感的全方位体验，实现了双赢。可以说，一部好的微电影，对受众和广告主来说都是受益匪浅的。因此，广告主利用微电影开展营销活动，其价值自然不可估量。

第三节 微电影营销的方式与策略

一、微电影营销诉求法

微电影营销一般通过在微电影的故事情节中植入广告来表现某一产品或品牌，实现营销诉求。因此，在介绍微电影营销的方式与策略之前，我们有必要先了解一下微电影营销诉求法。

（一）产品特性诉求法

产品特性诉求法是指通过微电影来表现某产品的性能和特点。要想在微电影中表现某产品的特性并非易事，通常需要借助微电影的情节进行含蓄的表达。例如在 RIO 微醺鸡尾酒的微电影《微醺恋爱物语》中，通过故事细致刻画女主人公在暗恋的不同阶段时朦胧、忐忑、酸涩、微苦、甜蜜的情感状态，生动形象地将全新 RIO 微醺系列的乳酸菌、柠檬、葡萄、西柚、白桃五个口味串联起来，营造了年轻消费者独自饮酒时的多样氛围。该微电影上线后，迅速在社交媒体、电商平台、线下渠道获得极高的人气，两天播放量突破 2000 万，为品牌带来了极高的曝光度和销售转化率，使微醺系列成为 RIO 主打的明星产品之一。

（二）产品理念诉求法

产品理念诉求法是指通过故事情节把产品理念委婉地表达出来。这也是目前运用较多的一种诉求法。例如，姜文与佳能合作，执导微电影《看球记》。该微电影用诙谐幽默的语言，通过 5 分钟的故事情节，表达出了满满的父爱。这也正契合佳能的产品理念：用相机记录每一份感动，"佳能，感动常在"。片头佳能的广告植入"此片由佳能影像器材拍摄"，不仅没有引起受众的反感，反而让受众感受到了佳能带来的温情。

（三）品牌理念诉求法

另一种被广泛运用的诉求法是品牌理念诉求法。这类微电影一般不推销任何产品，只是纯粹地进行品牌形象宣传，试图与受众达成认知的一致和情感的共鸣，人性化十足。例如，红星美凯龙在"爱家日"推出的微电影《狠爱你》，通过讲述一个七年之痒的爱情故事，告诉受众爱是一个漫长的过程，从相识到相知，从浪漫到平淡，从激情到亲情，随着时间的推移，爱在慢慢加深。爱其实很简单：一个温馨的家，一句温暖的问候，一生默默地等待。影片把红星美凯龙"爱家"的品牌理念表现得淋漓尽致。

广告发展存在"三化"趋势，即广告的社会化、移动化和内容化。微电影正是在社会化的媒体形式、移动化的终端渠道和内容为王的时代大背景下产生的，它完全符合商业广告的发展趋势，理所当然成为商业市场的宠儿。

二、微电影营销的方式

中国互联网络信息中心（China Internet Network Information Center，CNNIC）发布的第 53 次《中国互联网络发展状况统计报告》显示，截至 2023 年 12 月，20～29 岁、30～39 岁、40～49 岁网民占比分别为 13.7 %、19.2 % 和 16.0 %；50 岁及以上网民群体占比由 2022 年 12 月的 30.8 %提升至 32.5 %，互联网进一步向中老年群体渗透。广告主在利用微电影进行营销时，一定要结合我国网民的实际情况，找准目标受众，选择符合受众口味的微电影营销方式。

（一）娱乐营销

所谓娱乐营销，就是借助各种娱乐活动与消费者实现互动，将娱乐元素融入产品或服务，通过娱乐元素将品牌与顾客建立起情感联系，从而实现推广品牌内涵、培养顾客黏性、促进产品销售等营销目的的营销方式。在运用微电影进行娱乐营销时要注意适度，"娱乐至死"迟早会把微电影逼上绝路。前些年流行的很多微电影中，就有不少以娱乐为噱头、过度使用低俗情节以博取受众眼球的镜头。虽然现在很多视频网站都已经对类似的微电影进行了清除，但还是得提醒广告主，凡事适可而止，过犹不及。

恰到好处地运用娱乐营销的优秀微电影有不少。例如，在 2022 年春节之际，万科西北区推出主打"无限循环"概念的微电影《好好吃饭》，讲述女主在一次次循环中因着急工作而错过姥姥为她煮的面，成功借势开年热播的都市科幻剧《开端》中无限循环的设定，利用新奇的概念和电视剧的娱乐热度，传达"好好吃饭"四字中蕴含的家的无尽温暖与爱意。

（二）情感营销

情感营销是指以消费者自身的情感差异和需求作为营销战略的核心，借助情感广告、情感促销等策略来实现企业经营目标的营销方式。如今很多营销活动都喜欢打感情牌，试图通过感人的情感故事触动受众的内心，微电影也不例外。不过能真正做到情感沟通的微电影并不多，但令人欣慰的是，几乎每年都会有佳作诞生。

小熊电器系列微电影自 2012 年推出第一部起就走红网络。以父爱为主线的《爱不停炖1》讲述了年迈的老人千辛万苦地为因节日期间加班而无法回家的女儿送去止咳雪梨汤的故事，牢牢抓住了背井离乡、难与家人团圆的奋斗人群的心。随后，小熊电器推出的第二部和第三部微电影均讲述了青年情侣之间的爱情故事，不同程度地抓住了年轻人的心。同样以爱情为主线的《爱不停炖4：饭与爱情》围绕夫妻之间的爱如何保鲜，讲述了一对平凡夫妻不平凡的爱情，感动了无数观众。小熊电器在创立 9 周年之际采用全新的跨屏观影模式推出《爱不停炖5：爱9在一起》，再次聚焦年轻情侣的故事，这部作品获得金瞳奖 2016 最佳互动微电影金奖。小熊电器从受众的情感需求出发，激发受众在亲情和爱情方面的情感共鸣，用有情的故事赢得无情的竞争。

（三）网络口碑营销

网络口碑营销是指利用互联网上的口碑传播机制，通过消费者以文字等表达方式为载体的口碑信息传播，实现塑造广告主形象、推广广告主品牌、促进产品销售等营销目的的网络营销活动。口碑即利用人际传播的优势，达到一传十、十传百的效果的营销方式。一部好的微电影往往能够引起受众的兴趣，打动受众，促使其自发评论、分享、转发，利用人际传播机制达到广告主的营销目的。网络口碑营销成本低，收效高，已经成为广告主喜闻乐见的营销方式。但是，产出优秀的微电影并非易事，在竞争激烈的微电影市场更是难上加难。

最经典的案例莫过于《11度青春系列电影》之一的《老男孩》。该片讲述的是两个痴迷迈克尔·杰克逊十几年的平凡"老男孩"在经过岁月的洗礼后，鼓足勇气重新登台找回梦想的故事，以缅怀青春、祭奠梦想为名，激起了很大一部分受众关于自己的青春和梦想的回忆。短片播出后一炮而红，赚足了口碑。

该微电影不仅使科鲁兹汽车品牌形象深深地印在了受众的脑海里，就连同名主题曲《老男孩》也风靡全国，让受众念念不忘。

（四）明星营销

明星营销是指具有一定名气和影响力的明星通过网络手段间接代言某种商品的营销事件。大牌明星齐聚虽然会增加微电影的制作成本，但名人效应带来的营销效果也是不同凡响的。很多资金实力雄厚的公司通常都会选择微电影的明星营销方式。例如，百事集团从 2012 年开始每年都会在新春之际推出《把乐带回家》微电影广告，围绕"乐"的主题，描述不同角度的亲情、友情和爱情。百事 2012 年邀请了 12 位明星，随后几年更是在此基础上扩大明星阵容，邀请多达 20 位明星参与品牌贺岁微电影的拍摄。除了利用明星效应外，百事在微电影的叙事上也下足了功夫。例如，在 2016 年猴年之际，百事邀请《西游记》中孙悟空的扮演者和其他明星诠释猴王世家的故事，启发和鼓励年轻人把传统新年玩出属于自己的"七十二变"，真正地把快乐带到家人身边。2017年百事则聚集勾起万千消费者童年回忆的《家有儿女》主创人员，通过 12 年后"国民家庭"的重聚，继续讲述家的温情并引发共鸣。百事集团在进行微电影创作时，考虑春节的特殊时点，多角度洞察了消费者的内心情感，利用明星所附加的情感特性，让消费者在回忆时光中体会到百事可乐的品牌形象。

（五）公益营销

公益营销是指品牌从社会公众利益的角度出发、以非营利的目的开展的营销活动。公益微电影是微电影中重要的类型之一，能够在短时间内呈现完整的故事情节，与观众产生情感共鸣，同时反映深刻的社会现象，输出品牌价值观。越来越多的品牌通过公益微电影，关注残障人士、留守儿童、孤寡老人等弱势群体，为其发声，公益微电影也成为企业构建品牌形象、树立良好的企业公益形象、展现企业社会责任担当的营销途径。

腾讯数字公益平台"为村"2019 年 10 月发布微电影《盼归》，将镜头聚焦留守儿童，讲述留守儿童赵刚强为了让在外打工的父亲回家，编造各种谎言而闹出种种误会的故事，影片一改煽情的故事走向和留守儿童可怜无助的刻板印象，以轻松诙谐的叙事风格，通过生活化的剧情设置，展现了一对农村父子的故事。观众在笑过后，亦会产生对留守儿童现象更深层次的思考。腾讯则通过短片展现了乡村通网的重要意义，有效传递了品牌的社会责任感和人文关怀。

三、微电影营销的策略

"微电影营销完全可以让广告主花几万元达到几十万元、几百万元甚至几千万元的广告效果。"微电影创作人梁三百的这句话说明，制定良好的微电影营销策略可以让广告主以低成本的投入获得良好的营销效果。微电影营销主要有以下几个策略：

（一）注重艺术性与品牌调性的完美结合

微电影既不是广告的加长版也不是电影的浓缩版，它颠覆了"在电影里插广告"的传统思维模式，掀起了一场"在广告里插电影"的营销革命。优秀的微电影往往是在巧妙融合自身商业性与电影艺术性的基础上诞生的。广告主必须明白，在利用微电影进行广告营销时不能太过功利。太过商业化的内容往往会引起受众的反感，造成广告主资金投入的浪费。作为商业和文化联姻产物的微电影，只有坚持以人为本的理念，才能在内容和创意上契合受众的心理，以艺术形态感染受众、软化受众，促使受众主动关注、主动转发、主动分享。因此，广告主在拍摄微电影之前一定要找到一个与品牌自身调性吻合的立足点，这样才能在微电影中展现良好的品牌形象。

以微电影《花露水的今世前生》为例，虽然一看便知这是一则广告，但其优美幽默的语言、富有创意的内容、浓厚的文艺气息，勾起了受众无限的遐想，征服了许多受众的心。该微电影上线 3 周就获得了1600万的浏览量，30 多万的评论量，给受众留下了深刻的印象，为这个已经具有 114 年历史的品牌注入了年轻因子，使其焕发了生机。

（二）进行大数据营销，实现微电影的精准投放

新媒体的发展带来了大数据的广泛运用，实现了广告主大规模的个性化定制。如今的广告主不再是无头苍蝇，他们懂得利用大数据寻找目标受众，制作符合受众口味的微电影，实现广告的精准投放。大数据不仅为广告主提供不同地域、不同族群、不同文化背景的受众群体的特征数据，还提供受众群体的网络活跃度和活跃范围，使广告主能够在微电影的故事编排、情感诉求以及宣传包装等方面紧紧跟随目标受众群的需求点，实现资源的优化配置，提高广告收益。

例如，广告公司 TBWA 为米其林浩悦轮胎推出的系列主题微电影《静下来，世界会不同》，从三个不同家庭发生的情感故事切入主题，讲述父子、母子及恋人之间的故事，传达"给彼此更多安静的空间，心境也会发生积极的改变"的理念。正是在充分运用大数据的基础上，该微电影准确把握住了受众的心理特征，突出米其林轮胎噪声小的特点，实现了其市场份额突飞猛进的增长。

（三）充分利用整合营销传播优势，打造立体传播网络

前面提到，微电影营销可以整合新媒体时代下的各种工具和多种渠道，实现全方位、立体式的营销传播。广告主可以将综合型的广告网络从 PC 平台向其他数字终端平台扩展，从而全面覆盖各个接触点，打造立体的微电影传播网络。

眼睛渴了无糖贝它糖在这方面就做得非常到位。2011 年，眼睛渴了无糖贝它糖推出了一部时尚、励志的微电影《眼睛渴了》，打动了 300 万有梦想的年轻人，激起了他们的拼劲。2012 年，眼睛渴了开启全球"养眼计划"活动，在新浪微博上征集故事，用"@"的方式去串联每一个有梦想的人。同时，适时拍摄的母亲节短片《幸福最养眼》在网络上迅速走红。2012 年 7 月，眼睛渴了

借伦敦奥运之东风，在伦敦街头打造"美女打劫团"这一刺激游戏，让眼睛渴了二期养眼计划"梦想最养眼"全线飘红。2013 年 1 月，借势古装剧《楚汉传奇》的热播，《楚汉微电影》上线，在短短不到两个月的时间，腾讯视频单平台就累积了4000万人气，成为当时热门的微电影之一。通过微博、微电影，线上、线下宣传，眼睛渴了整合多种传播渠道，全线持续开展品牌营销活动，值得众多广告主学习和借鉴。

第五章 游戏化营销

第一节 游戏化营销概述

一、游戏化的定义

游戏有两个重要的特征：一是具有一定的形式和规则；二是人主观上自愿参与，具有非现实的愉悦和主观体验。后者是人们参与游戏时获得快感的重要原因。企业根据游戏的形式和规则设计产品，吸引用户主动参与其中并获取愉悦的主观体验。

随着技术的进步，电子游戏得到了迅速发展，并被用于非游戏环境，从而延伸出两个重要概念——严肃游戏和游戏化。两者都将游戏视为一种激励用户全身心参与的方式。不同之处在于，严肃游戏是囊括游戏元素的完整游戏；游戏化是由部分的游戏设计原则和游戏元素组成的。

《游戏化实战》的作者将这两种概念区分为"外显游戏化"和"内隐游戏化"。"外显游戏化"可以与"严肃游戏"对应，是显性的游戏应用策略，具有非游戏目的，用户能确切地知道自己在参与游戏。"内隐游戏化"可以与"游戏化"对应，是将游戏化技巧和用户激励机制应用到用户体验中的一种设计形式，即利用游戏元素的以人为中心的设计。

在这两种游戏化中包含大量的游戏激励元素，比如积分、排名榜单和勋章等。以内隐游戏化为例，比如电商平台的评论、点赞，用以激励买家分享更真实有用的购买体验，大多数买家不会觉得这是玩游戏。这两种游戏化只有具体应用场景的区别，没有孰优孰劣之分。它们的使用取决于项目目的、目标用户和文化期望。外显游戏化的设计优点是有趣，天然带有游戏的吸引力，设计开发人员有更多的创意自由。同时，这也意味着需要投入大量资源并有专业人员参与设计。在一些严肃的商务情景下，比如面对政府或银行用户时，外显游戏化的娱乐游戏元素过多会使人觉得幼稚甚至分散注意力。内隐游戏化的优点是在技术上容易实现，且应用范围广；缺点是往往会导致懒惰设计。游戏化是与具体项目情景相结合的、平衡用户目标和公司目标的设计智慧。

游戏化对多种情景下的用户行为有积极影响。游戏化的价值在于激励——特别是情感层面的激励，这也是游戏化的终极目标。

二、游戏化营销的定义

游戏化营销是指将游戏设计元素应用于营销活动，使目标顾客产生类似游戏的体验，以提高顾客服务价值并实现价值共创。企业希望通过游戏化营销形成一种激励机制，通过不同游戏设计元素吸引和激励顾客自愿参与，让顾客在感知产品和服务的同时获得多重体验，让顾客像玩游戏般专注、持久地参与企业的价值共创过程。

任何想要成功地与用户沟通并吸引他们的组织都应该将游戏化纳入与用户的日常互动中。游戏化营销是一种新的营销和参与方式。单纯的广告表现形式很难有效刺激用户产生消费需求，将有趣的游戏设计元素融入营销中，可以激发用户主动接受"良性刺激"，获得愉悦的互动体验。

第二节 游戏化营销的三大模式

本节所叙述的游戏化营销模式包括线上线下引流、游戏分享及互动活动。这三种模式都有一定的针对性，并且是游戏化营销中较为通用的，可以灵活地应用于各种产品的营销活动之中。

一、线上线下引流

随着新媒体的发展，利用互联网推广产品已经成为很多企业采用的营销方式之一。在线上发布营销游戏可以覆盖更多的消费者，让更多的人参与到活动中来。以线下实体店销售为主的企业，可以利用营销游戏在线上进行推广，同时在游戏过程中提供优惠券给消费者，刺激消费者进行消费，实现线下引流。

优衣库作为日本知名的服饰品牌，曾发起一个网上排队活动。这个活动实际上是一款基于社交网络服务（Social Networking Services，SNS）的社交小游戏。优衣库在亚洲第一次尝试 SNS 营销是在日本，当时优衣库是同推特（Twitter）一起发起活动的，以发放优惠券的方式吸引顾客到实体店内进行消费，总共吸引了 6 万人参与。不过优衣库对于这次活动的效果并不满意，于是在总结经验后将营销战场转移到了中国台湾。

在台北店开业前，优衣库先在脸书（Facebook，2021 年更名为 Meta）上推出了这款排队游戏，并设置了诱人的活动奖品，除了原有的优惠券以外，还增加了 100 件纪念 T 恤。参与排队游戏的用户可以立即知道自己是否中奖，没有中奖的用户会在奖品的激励下重新进行排队。优衣库在这次活动中对游戏做了很大的修复和完善，使整个游戏背景看起来更诱人，服务器的反应速度也变得更快。短短几天时间，就有约 60 万人参与了活动。

不久后，优衣库又带着它的排队游戏来到了中国大陆，这次优衣库选择和人人网进行合作。优衣库对这次活动的奖项设置做了精心的准备，为参加游戏的用户提供了满 300 元打九折的优惠券，同时为了刺激消费者及时消费，在优惠券上设置了有效期限，优惠券只在当天或两天内有效。

为了进一步激发消费者的热情，优衣库还为排到 888、8888、88888 等幸运号的用户准备了不同的奖品，每 7 天还可以抽取一次 iPhone 手机大奖。同时，优衣库还选用了非常多的具有中国特色的卡通形象，用户在排队游戏中可以选择自己喜爱的形象来做替身。

排队游戏如此吸引人的另一个关键性因素就在于它的透明度比较高，不仅提供了"立即知道获奖""见到好友获奖"等功能，还在人人网的主页中设置专区，来回滚动播放获奖者名单，这些设计都增加了游戏的可信度，让用户在游戏中更加有信心。另外，在游戏开始前，所有奖品都是点亮的状态，之后每当有用户中奖时，对应的奖品图标就会变暗，其余的奖品则依旧点亮着，这可以让用户对中奖情况一目了然，激发他们继续排队的热情。

短短一周时间，就有超过 10 万人参与了这个游戏，很多用户都沉浸在游戏的体验和中奖的喜悦中。为了能让更多的人参与进来，优衣库在第二周调整了游戏规则，取消了优惠券的使用期限，获得优惠券的用户可以在活动期间随时使用。另外，优惠券的使用方式也得到了拓展，除了复印的优惠券之外，转发和拍照得来的优惠券也同样有效。这些方式降低了优惠券的使用门槛，到活动结束时共有 133 万人参加了这个游戏，优衣库的线下门店也顺利完成了销售任务。更为重要的是，优衣库让更多的年轻消费者了解到了这个品牌，在消费者心中树立了良好的品牌形象。

优衣库在把握用户心理的基础上，借助不同的社交平台发布游戏，在游戏中加深了与用户的沟通，发掘出了自己的潜在用户，从而带动了线下的销售。

二、游戏分享

这个模式通常以奖品作为激励的元素，让用户主动地将营销游戏分享给自己的好友,实现二次传播,从而促进品牌更大范围的曝光,让更多的人了解自己的品牌。

在产品设计和运营中,拼多多的游戏化无处不在。用户打开拼多多 APP,最先看到的是"限时秒杀""砍价免费拿""断码清仓"等动态图标,像是进入了一个寻宝主题的游戏世界,"宝物"自然是物美价廉甚至免费的商品。拼多多设计的游戏方式大概分为三种:

第一种是简单的拼单游戏。上到高端奢侈品,下到普通生活用品,用户都可以选择加入或发起拼单来享受低于市场的价格。拼单的入口与直接购买的入口并列在一起,通过标注价格的差异来体现前者的优惠力度;页面中的倒计时功能也制造了一种紧迫感。拼单的页面设计高度还原了游戏界面,只要用户停留在 APP 中,便会看到产品上方不间断地飘过"××省的×××刚刚发起了拼单"的通知,这与游戏世界的公屏设置如出一辙。但拼多多更胜一筹的是,所有拼单成功的通知都是一条可点击的商品链接,在激起用户好奇心的同时,也不忘增加购买率。

第二种则是噱头较大的社交裂变游戏,代表性的有"砍价免费拿"。此游戏要求用户分享口令给不同的微信好友,使其来拼多多帮忙砍价,从而拿到平台赠送的免费商品。帮忙砍价的好友也会被弹框信息引导进入同类游戏。分享给微信好友、发到朋友圈、转发到群聊,拼多多对用户社交行为的引导设置分层非常具体。

在很多游戏从业者眼中,此类社交裂变游戏更像是网游道具商城中用到的一种营销手段,表面上的免费为的是产品背后的新增用户数、留存率、活跃率、付费率等数据指标。对用户来说,享受的人乐在其中,很多人为此还创建或加入了拼多多砍价微信群;但也有不少人不胜其烦,屡屡被打扰却碍于情面而无法拒绝。

第三种更直接,即植入一款现成的游戏——最典型的例子就是养成类游戏"多多果园"。这款游戏曾在中老年群体里掀起热潮,并反向带动了年轻人的游戏热情。在 2019 年"多多果园"最火爆之时,其日活跃用户数 5 个月便激增了1100万。

通过"多多果园"种树，用户能在现实中收到成箱的水果，这无形中打破了网络游戏与真实世界的壁垒，提升了用户的游戏感受。如果用户觉得商品还不错，很有可能产生主动购买行为。

比照"多多果园"的套路，拼多多还推出了"多多鱼塘""金猪""惊喜工厂"等养成类游戏，也都运用了设立目标、制造门槛、行为通过门槛、达成目标的游戏产品思路，但玩法的复杂程度和通关周期却在不断上升。拼多多的游戏化营销活动非常丰富，常使人眼花缭乱，却总是能够抓住用户的心理，达成营销的目的。

三、互动活动

这个模式的营销游戏可以直接将用户引入企业自己的线上店铺或公众号中，能够使企业完成精准的目标人群导流，提升转化率，进而实现销售目标。

近年来，越来越多的保险公司开始通过游戏化营销的方式来售卖自己的产品，游戏化的营销方式可以让原本晦涩难懂的保险产品变得更具吸引力，改变大家对于保险产品的传统认识，让保险产品更容易被人们接受。

阳光保险集团股份有限公司曾在微信公众号上推出过一款名为"摇钱树"的产品，这款产品采用了游戏化的营销方式，用户只需摇动手机，就可以获得较高的理财收益。

与传统的保险产品相比，这款产品的收益获取方式是不同的，用户能够获得多少收益在很大程度上取决于自己的运气，因为产品的具体收益是靠用户以游戏的方式摇出来的。比如用户在第一次摇的时候可能会摇到6.2%的收益，第二次就有可能摇到5.04%。

如果用户对于自己摇到的收益不满意，还可以重复摇。阳光保险规定的是每15分钟可以摇三次，直到满意为止。当用户摇到自己满意的收益后，就可以直接进入投保页面，填写自己的姓名和身份证号等信息后便进入下一步投保环节，整个过程十分简便。

中国太平洋保险（集团）股份有限公司也曾在其微信公众号中推出过“救生圈”系列产品。这款产品非常有意思，用户可以在该微信公众号购买虚拟的救生圈，然后可以将购买的救生圈扔给自己的好友，好友点击帖子可以捞取救生圈；如果好友没有捞取救生圈，用户可以将其收回。

其实，这款“救生圈”产品对应的是一款交通工具意外险，这个产品的保险期限为一年，保险金额是2000元，用户在购买时只需要花费 1 元钱的保费，购买过程中，一个救生圈就代表了一份意外险。

永安财产保险股份有限公司在推出防讹保障产品时也采用了游戏化营销的方式，推出了“雷锋无忧”产品。“雷锋无忧”实际上是一款普通的责任险产品，用户可以通过扫描二维码的方式为自己或他人购买产品，每一份保险的保费仅为 2 元，保险金额为 1 万元，用户在投保成功后的 15 天内将其分享至自己的朋友圈或者发送给自己的指定好友，就有机会提升保险金额，保险金额最高可以达到 20 万元。同时，活动还设有“雷锋榜”，用户可以在上面查看排名，这使原本单调的购买行为变得十分有趣。

从上述三个例子可以看出，近些年来保险公司一直在不断地创新。首先在商业模式上，越来越多的公司推出了线上产品；其次在销售模式上，保险公司改变了原先传统的营销方式，利用游戏化营销，以互动的形式将营销过程变得更加具有趣味性，改变了人们对保险产品的固有认识。

第三节 驱动用户融入游戏的四大元素

用户在参与活动的时候往往是有目的性的，但是这个目的并不是确定的，参与一个有趣的活动对于用户来说就不失为一个目的。企业可以在营销当中对用户进行全面呵护，让用户在参与活动的过程中获得良好的体验，从而促使用户快速融入营销活动当中。

一、趣味化：玩是"游戏化"的基础

趣味是营销游戏的关键所在，没有趣味的营销游戏是无法赢得人们喜爱的。现在越来越多的企业采用营销游戏来推广自己的产品，营销游戏也因此变得千篇一律，很容易造成用户的审美疲劳。因此在设计营销游戏时要注意增加游戏的趣味性，要让用户感受到创意并愿意主动将其分享给自己的朋友，只有这样才能发挥出营销游戏的最大价值。在增加游戏趣味性的同时，还需要注意以下几个问题：

（一）学会借助热点话题

一般情况下，热点事件是人们在一段时间内关注和讨论的焦点，企业在做营销游戏时可以和这些热点事件结合起来，从这些热点事件和热点人物中获取一些具有趣味性的营销思路。这样的营销游戏往往能够收获更多的关注，传播速度也会更快一些。

（二）要与本土文化相结合

在营销游戏中植入与中国文化相关的元素，可以让游戏变得更加具有特色，更容易取得用户对营销游戏的认可。

（三）注意体现产品属性

趣味性的确很重要，但是游戏的最终目的还是营销，因此在设计营销游戏时一定要注意体现出产品的属性，要让消费者在游戏的过程中清晰地了解产品的相关信息。

金龙鱼在 2018 年年初发起了一个"不油腻'轻'年"的活动。在作家冯唐的一篇名为《如何避免成为一个油腻的中年猥琐男》的文章发表后，金龙鱼成功地为自己找到了话题的引爆点。

首先，金龙鱼在微博上隔空喊话，抛出"'油腻'一词是否仅仅是中年人的标签"的问题，并在微博中以十个当代青年人的生活现状来反驳冯唐。金龙鱼认为油腻的根源不在于年龄，而在于心态与思想境界。该条长微博语言精练，观点直切要害，更对当下流行的网络词汇进行了深度剖析，看似是在反驳冯唐，实际上是在讽刺现在年轻人的种种不良状态。在这个凭借新鲜事物获得流量的时代，金龙鱼以颠覆性的观点迅速获得大量的话题与热度。

其次，临近过年，中国人做饭少不了用油，过年的餐桌上都是些大鱼大肉。在这篇讲述"油腻"的文章里，"轻脂健康"四个字迅速得到人们的青睐。

最后，金龙鱼在微博的结尾发起"不油腻'轻'年"活动，并邀请明星和专业人士共同为此项活动助威，继续扩大声势。

金龙鱼与冯唐之间的互动其实和大多数微博用户之间的互动没有差别，但是如果套上了官方微博与知名作家的头衔，那么整件事就会变得具有趣味性。用户在浏览两方的文章之后会主动参与到讨论当中，而用户与用户间的讨论则会让事件热度持续升高，最终达到宣传的效果。

二、人性化：设计要冲着"人性的弱点"

一款产品本身就是面对消费者的，无论这款产品的特性在于快捷还是实用，其最终目标都是让消费者使用起来更方便。但是随着市场竞争越来越激烈，越来越多的同类型产品竞相出现，如何为自己的产品做一个出色的营销并让它在时间的长跑中取得胜利就变得十分关键。

从 2015 年面世到现在，Keep 已经成了一款非常流行的健身软件。Keep 的即时性非常高，提倡想要健身不一定非要去健身房，买一个瑜伽垫在家也可以轻松锻炼。Keep 对新手来说更体贴，用户不需要花昂贵的费用去请健身教练，只要点击下载便可以获得想要的健身教程视频，从而进行科学的训练。

健身本身就是一件需要持久进行的事情，仅仅通过软件，在无人监管的情况下用户很容易懈怠，从而停止锻炼。因此，Keep 推出了打卡功能，即在用户每日锻炼之后会弹出打卡提示。

每次打卡之后用户都能够发出一条相关动态，同时还可以看到别人锻炼完成后的动态消息。每次锻炼完之后一点点小进步、小变化都是值得分享的，而 Keep 给了用户这样的一个分享环境，让用户得到满足。在打卡功能的基础之上，Keep 还有勋章功能，即用户连续进行锻炼或者锻炼时间达到一定时长就会获得相对应的勋章。

这种带有奖励性质的机制非常有效，用户每天使用 Keep 不仅是在锻炼，也是在获得一种自我满足感。这源于游戏中的一种成就感，源于用户达到某种高度或者获得某项荣誉时产生的兴奋与喜悦。

而 Keep 能够一直保证高活跃人数并且用户数量一直增长的原因就是它有非常强大的社交功能。在"社区"里，用户可以找到与健身相关的训练内容、攻略，还可为一些特殊的健身需求如瘦身、减脂等参考合理的饮食搭配。在商城中，Keep 会给用户推荐一些性价比高的健身器具，如哑铃、伸展带、健身球等。最后一个就是同城功能，可以定位与用户同城的 Keep 用户，这一功能主要方便了一些做线下运动的用户，比如在 Keep 上看到附近有夜跑小分队，那么有些用户是很愿意加入其中，与同好一起锻炼的。

在 Keep 上，每个用户都能发布自己的健身动态，可以是与训练相关的，也可以是与健身饮食相关的。当用户看到别人分享的训练成果时，就会受到很好的激励，从而有耐心和信心继续锻炼下去。

健身对于很多人来说是一件枯燥的事情，但是为了身体健康又不得不做，而 Keep 把健身这件事做得让用户觉得很有意思。连续坚持锻炼后获得的勋章会让用户有一种成就感；看到别人的健身分享会激励用户继续锻炼；线下的小活动可以让用户结交到更多同好。在 Keep 里，用户慢慢体会到了健身带来的乐趣。

三、娱乐化：离不开互动分享环节

娱乐是人们与生俱来的天性，美国经济学家米切尔·J.沃尔夫曾在《娱乐经济》一书中指出："一切经济活动都能以娱乐方式进行。"营销游戏的娱乐化可以让消费者成为主角，让他们主动参与到互动过程中，在产品和消费者之间建立起一定的情感联系。同时，它还可以把消费者的购买行为变成一次非常愉快的体验，在无形中加深消费者对企业产品或品牌的认可度，引发他们对产品的关注。

近些年，游戏渐渐地走入大众的生活，很多品牌都开始将游戏化营销作为自己的主战场。在高档车市场中，很多品牌都习惯于用一些"高大上"的广告来传递自己的品牌信息，久而久之这样的广告已经很难吸引大众的关注。面对年轻消费者在汽车市场的崛起，高档车市场也开始尝试改变自己的营销方式。

在 2017 年的腾讯互动娱乐年度发布会上，奔驰正式宣布与竞速游戏《极品飞车》系列中的《极品飞车 Online》达成战略合作。奔驰之所以选择同《极品飞车》进行合作，主要还是取决于《极品飞车》在竞速游戏当中的地位。经过多年的发展，《极品飞车》已经有了很多忠实用户。这次的合作将现实和虚拟结合起来，在线上和线下同时开展了许多具有想象力和创新精神的营销活动。

《极品飞车 Online》在游戏中为奔驰的梅赛德斯-AMG GT R 设计了专属的成就和徽章。玩家在进入游戏中的驾照考试关卡时，可以选用这一车型作为特殊的考试用车。为了突出"狂飙不限号"这一主题，《极品飞车》还为梅赛德斯-AMG GT R 定制了一系列专属营销活动，其中包括赠送玩家品牌推出的联合周边，还有"绿色猛兽"专门见面礼。

在线下，奔驰也和《极品飞车》一起开展了很多营销活动。梅赛德斯-AMG GT R 在 2017 年 7 月的中国国际数码互动娱乐展览会上，设置了《极品飞车 Online》的专属游戏展台，打造了绝佳的线下营销场景。同时，游戏还在各大城市的地铁站投放了许多户外创意广告，以此来吸引人们的关注。

除了上述营销手段，《极品飞车》还发起了一个大规模的跑车文化环球之旅，从游戏的忠实玩家中选出一些非常优秀的赛车手，让他们一起去探索跑车文化的起源，并将其制作成纪录片。纪录片中试驾梅赛德斯-AMG GT R 的直播更是吸引了几十万人同时观看。《极品飞车》的这次活动，让奔驰的品牌文化得到了更为广泛的传播。

奔驰和《极品飞车》的这次合作取得了非常好的传播效果，吸引了众多玩家的参与。这次跨界合作将产品和游戏体验很好地融合在了一起，达成了品牌的持续曝光。游戏中对场景的还原，让玩家真实体验到了梅赛德斯-AMG GT R 的良好性能；纪录片的推出又让游戏玩家从中了解到了奔驰的品牌历史和文化，极大地提升了奔驰的品牌形象。

奔驰和《极品飞车》的这次合作算得上是一场双赢。奔驰在这次合作中让更多的人了解到了梅赛德斯-AMG GT R 这款车型，广泛的人群辐射面是线下很难达到的。《极品飞车》在这次营销中不仅带给用户更好的游戏体验，而且还将不少汽车的粉丝转化为自己的游戏玩家。从奔驰和极品飞车的这个案例中可以看出，在当今的娱乐经济时代，游戏的娱乐化和场景化可以帮助企业达到更好的营销效果。

四、有奖化：在游戏中受益

在营销游戏中设置奖励因素可以让用户感到更有动力，更好地投入营销游戏中来。在共享单车竞争十分激烈的时期，摩拜单车（现为美团单车）推出了一个"摩拜红包车，骑车有钱赚"的活动，用户在活动期间，只需要打开摩拜单车的手机 APP 就能够查看到周围带有"红包"图标的红包单车，用户在扫码解锁红包单车后，不仅能够享受到两个小时内免费骑行的福利，而且只要骑行时间在 10 分钟以上，用户在结束用车后就可以获得 1~100 元的随机红包，这些红包还可以被提现到支付宝账户中。

摩拜单车推出的这个活动是一次典型的游戏化营销，整个营销活动以红包作为激励性因素，通过随机奖励来增添游戏的趣味性，让用户在营销游戏中获得成就感和满足感，从而激发用户的参与热情。

摩拜单车用发放现金红包的方式来吸引用户骑车，除了可以为自己做一次营销宣传之外，更为重要的任务是完成车辆的调度。摩拜单车提供的现金红包会十分精确地分配到恰当的车辆上，目的就是让用户将这些车辆骑行到一些人流量比较密集的商圈当中，帮助摩拜单车解决车辆分布失衡的问题，达成了企业和用户间的共赢。

想要通过骑行摩拜单车领取红包，那么用户就至少要骑行 10 分钟。用户在大街小巷骑摩拜单车的时候就是在为摩拜单车做宣传，当大量的人骑着摩拜单车在城市中穿行时，带来的宣传效果是不言而喻的。

摩拜单车的这次活动以科学技术为依托，利用物联网、大数据和云计算让其他的竞争对手难以模仿，使得他们不能在短时间内形成有效的反击措施，从而提升了自己的竞争力，进一步巩固了自己在共享单车领域的地位。

案例：蚂蚁森林体系对支付宝的增长价值

2020 年 6 月 5 日世界环境日，支付宝公布了"让环保流行起来"的公益项目——蚂蚁森林的"成绩单"：截至 5 月底，蚂蚁森林参与者已超过 5.5 亿，累计种植和养护树木超过两亿棵，种植面积超过 274 万亩，累计碳减排达到 1100 万吨。蚂蚁森林强大的传播力和影响力不言而喻。

对于支付宝而言，让用户更高频地、更长时间地使用支付宝进行相关的支付行为是它的最终目的。通过让用户对蚂蚁森林上瘾，支付宝实现了价值的增长。

蚂蚁森林体系的上瘾机制如下：

1. 核心驱动：戳中痒点——改变世界的公益理想

若缺失了驱动力，能量飞轮就无法启动。蚂蚁森林体系和支付宝核心功能设计最本源的驱动力就是人心向善的公益理想。

2. 用户激励：能量机制设计——连接线上线下生活场景

有了核心驱动力后，就必须目标明确地驱动用户选择并完成产品所期望的行为，同时也满足用户的预期。

（1）种树攻略引导。攻略自带引导性质，引导用户通过行走、线上线下支付、生活缴费、无纸化办公等获取能量。这些"支付宝行为"来自用户的工作、娱乐、生活，连接了各种使用场景，服务于用户。

（2）延时惊喜设计。考虑到用完工具即走的场景特点，产品规定用户经过一定时间后方可收取能量。这样既不影响用户的支付行为，同时又能让用户等待能量生成。结合这种延时设计，为了避免用户遗忘，消息推送机制的设计也恰到好处。

（3）游戏化收取能量。蚂蚁森林打造了类似牧场宠物养成类的游戏——虚拟种树，能量来源和数字设计清晰量化低碳行为产生的能量获得，用户通过浇灌能量使树木长大。而最具吸引力且与大多数养成类产品不一样的是，蚂蚁森林的虚拟种树达到一定的能量级别时，用户可以种不同种类的真树。这种虚拟与现实的跨越与融合，也给支付宝带来了用户活跃数和高留存率的持续提升。

3. 丰富奖赏：行为上瘾——满足用户的荣誉感和成就感

蚂蚁森林的成就奖励包括虚拟环保证书、虚拟道具和装扮、真实公益奖励等，能量达标即可领取对应树种，"云"植各种树，实现公益理想。荣誉奖励包括能量排行榜展示好友圈名次，满足自我荣誉感。蚂蚁森林不仅让用户获得占有虚拟财富的满足感，同时通过实景相册展示树木的成长和绿植面积的变化，让用户获得成就感。

4.全情投入：透析人性——打造轻社交互动玩法

蚂蚁森林激活了用户的社交属性，通过加好友、合种树等手段实现能量在人与人之间的流动，形成用户行为的外在激发和持续驱动。

（1）线上互动闭环。第一，邀请好友可获得能量罩奖励，通过老带新，实现用户裂变。第二，加好友可实现能量快速增长，加速种树，同时激起用户的情绪变化，影响用户决策。"愉悦爽感"和"愤怒叫屈"都会增加用户与能量的情绪连接，从而让用户更加沉浸于蚂蚁森林种树游戏中。第三，好友圈能量排行榜利用用户的竞争心理，刺激胜负欲，促使用户更频繁地生产能量、收能量、偷能量，从而提高打开支付宝的频次。

（2）培养忠诚度。蚂蚁森林设立爱情树、亲情树、友情树，提供机会让用户与爱的人一起种树，赋予一棵树更多的意义。游戏还打造了明星公益林、大 IP 公益林，给用户带来集体归属感。当用户对蚂蚁森林投入了时间、精力甚至情感时，离开蚂蚁森林的概率就会越来越小，而对蚂蚁森林和支付宝来说，用户流失的门槛就提高了（如图 5-1 所示）。

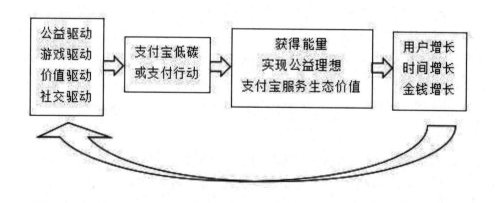

图 5-1 蚂蚁森林助推支付宝增长飞轮流程图

第六章 搜索引擎营销

第一节 搜索引擎营销概述

一、搜索引擎营销的定义

关于搜索引擎营销的定义，学界和业界有多种提法。

塔潘·潘达指出："搜索引擎营销是一种网络营销形式，其目的在于提升网站质量以增强其在搜索页面的可见度，它使用搜索引擎优化、付费广告、内容关联广告和付费链接等几种方法。"搜索引擎优化采用创建或者改变网页标题、关键词、结构等方法，以提升自己的页面在搜索引擎结果中的排名，从而比其他未经过优化的页面更能吸引用户点击。搜索引擎营销也称关键词营销，这种营销模式允许广告主根据自己的产品或服务的内容和特点，确定相关的关键词，并撰写广告内容。广告主可以自主定价投放这些广告，当用户搜索到广告主投放的关键词时，相应的广告就会展示。

维基百科给搜索引擎营销下的定义为："它是一种以通过增加搜索引擎结果页（search engine result pages，SERP）能见度的方式，或者通过搜索引擎的内容联播网来推销网站的网络营销模式。"

谷歌公司的李莎认为："搜索引擎营销是通过搜索引擎营销网站实施的行为，包括提升自然排名、广告付费排名，或者这两种方式的结合，以及其他和搜索引擎相关的行为。更简单地说，是指一系列能使网站在搜索引擎上显著的营销技术，这样能吸引目标受众访问网站。这些技术包括搜索引擎优化（search engine optimization，SEO）和按点击付费（pay-per-click，PPC）。"

综上所述，搜索引擎营销是一种网络营销模式，它可以根据用户使用搜索引擎的方式，利用用户检索信息的机会尽可能将营销信息传递给目标用户。这一定义包含多个方面：第一，搜索引擎营销是一种网络营销，它是一种新兴的营销模式，与其他营销模式密不可分。第二，搜索引擎技术是搜索引擎营销的基础。搜索引擎营销随着搜索引擎技术的发展而发展，搜索引擎营销方法与搜索引擎技术密不可分。第三，用户的信息检索行为是搜索引擎营销的核心。搜索引擎营销必须充分挖掘用户信息检索行为的特征，这既是出发点，又是落脚点。第四，和其他营销模式一样，搜索引擎营销的目标是传递营销信息，促进销售。第五，搜索引擎营销有两种类型，分别是搜索引擎优化和按点击付费。

二、搜索引擎营销的发展历程

1994 年，雅虎分类目录型搜索引擎诞生，搜索引擎开始表现出网络营销价值，搜索引擎营销的思想开始出现，其主要的营销方式是免费登录分类目录。1995 年，基于网页超文本标记语言（Hyper Text Markup Language，HTML）代码中 META 标签检索的搜索引擎技术诞生。利用 META 标签改善在搜索引擎中排名的技术很快成为搜索引擎营销的重要内容，这就是搜索引擎优化方法的萌芽。1998 年前后，网站"链接广泛度"（Link Popularity）的概念出现。2000 年，出现按点击付费的搜索引擎关键词广告模式，搜索引擎广告诞生。2002 年，在网络广告市场最低迷的时期，搜索引擎关键词广告市场增长强劲，占 2002 年网络广告市场份额的 15 %，搜索引擎带动了整个网络经济的复苏。随后，出现了基于内容定位的搜索引擎广告。

2001 年之前，中国搜索引擎营销的主要方式是免费登录分类目录。2001 年，搜狐等部分中文分类目录开始收费登录，由于网络经济环境、搜索技术、收费等方面的原因，搜索引擎营销市场进入调整期。2003 年后，搜索引擎优化受到重视，搜索引擎营销快速发展。

如今，云计算和大数据时代的到来为搜索引擎营销的发展提供了新的契机，如百度研发出百度司南、品牌探针和鸿媒体等，可以更精准地将广告推送给目标消费者。百度司南是百度大数据部专为满足企业大数据分析需求而设计的工具平台，包含多款数据分析产品，致力于通过对百度搜索数据和其他数据的挖掘，为企业提供方向指引和数据支持。品牌探针是百度推出的一款消费者洞察工具。品牌探针对百度大数据进行挖掘和分析，生成图表报告，为广告主提供品牌定位、消费者偏好、市场分析等方面的营销决策支持，帮助广告主制定、整合营销方案。鸿媒体是百度旗下专注于精准品牌广告展示的网络广告平台，依托百度网民行为数据库洞察用户行为特征，并按广告主的需求精准锁定目标用户，整合高端、优质的网络媒体资源，进行一对一的品牌展示与沟通。

此外，值得一提的是，近年来大热的人工智能技术为搜索领域注入了新的增长动力。一方面，人工智能技术持续深挖算法，使搜索引擎更精准地掌握用户的搜索内容和兴趣图谱，提供让用户更满意、更人性化的服务，提高付费点击量以及广告的转化率；另一方面，人工智能技术依靠多种方式搜索，提供更加完善的解决方案。图像识别已成为多数搜索引擎的必备功能之一，用户不仅可以通过图片精准地搜索到图片内容的相关信息和相同类别的图片，还可以获得对应的链接，从而进一步获取详细的信息，判断信息来源和真实性，在信息传播中高效获取目标信息。此外，语音识别、视频识别等技术都为用户带来了更加便捷和智能的搜索体验，满足了用户多元化的搜索需求。

三、搜索引擎营销的基本过程

（一）搜索引擎工作流程

键入搜索请求后，搜索引擎要依次经过以下三个步骤（如图6-1所示）：
一是筛选。搜索引擎分析搜索请求，筛选出与搜索请求匹配的网页。

二是排序。搜索引擎基于关键词、链接广泛度等因素对搜索进行排序。
三是显示结果。挑选出最合适的网页显示在页面。

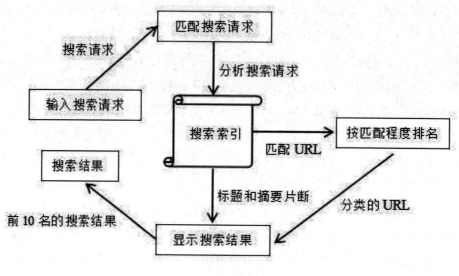

图 6-1 搜索引擎工作流程

（二）搜索引擎营销的过程

第一，企业将信息发布在网站上，成为以网页形式存在的信息源，被搜索引擎索引库收录。

第二，在自然搜索结果中获得较高排名，或者通过付费使广告能够被目标消费者注意。

第三，提高用户对搜索结果的点击率。

第四，用户根据对检索结果的判断，选择感兴趣的信息，并点击统一资源定位系统（Uniform Resource Locator，URL）进入信息源所在网页。

第五，将点击者转化为消费者，即提高转化率。

（三）搜索引擎营销的类型

在分析搜索引擎营销的类型之前，要先明确搜索结果的类型。当我们输入搜索请求，页面上将呈现两种搜索结果：一种是付费搜索结果，另一种是自然排序的搜索结果。

根据网页显示的不同结果，搜索引擎营销有搜索引擎优化和按点击付费两种形式。

搜索引擎优化是指通过对网站的标题、结构、内容等要素进行合理的设计，采用一系列技术手段使网页在自然搜索结果中获得较高的排名，方便用户及时有效地获得信息。它不需要向搜索引擎服务商付费，具有较高的可信度。

搜索引擎优化有两层含义：第一，对搜索引擎友好，以获得更高的搜索结果排名。研究显示，85％的用户只翻看搜索引擎返回结果的第一个页面。如果没有满意的结果，搜索者会返回搜索框重新输入关键词进行检索。艾瑞咨询的调查结果显示，搜索结果排在前10名的网站占据了72％的点击率，排在第10～20名的网站拥有17.9％的点击率，排在第20～30名的网站点击率只有10％，排在30名以后的网站点击率几乎为零。第二，对用户友好。网页的界面美观、清晰、简洁，方便用户查找信息。搜索引擎优化的最终目的是使用户能够高效地找到所需信息，满足用户需求。

按点击付费是指企业购买相关的关键词，当用户输入与关键词相关的搜索请求时，页面的付费结果栏会出现企业放置的网页。竞价排名的基本特点是按点击付费，广告出现在搜索结果中（一般是靠前的位置），如果没有被用户点击，则不收取广告费；在同一关键词的广告中，对每次点击支付的价格最高的广告排在第一位，其他位置同样按照广告主自己设定的广告点击价格来决定广告的排名。竞价排名方便了企业对账户的监控，同时提高了广告效果。

四、搜索引擎营销的优势和劣势

（一）搜索引擎营销的优势

1. 精准度高

用户通过搜索引擎进行搜索是自身客观愿望和需要的真实表达，搜索引擎可以根据用户输入的关键词推送广告。随着大数据、云计算和人工智能等技术的发展，搜索引擎服务商不仅可以分析实时关键词，而且可以根据用户过去的搜索请求分析用户的习惯、爱好和需求等，向用户精准推送广告。

2. 交互性强

用户基于自身需求和愿望进行搜索，是一种主动的、积极的信息查找；在传统广告中，广告主向大众传递商业信息，用户只能被动、消极地接收信息。

3. 成本低廉

搜索引擎优化使广告主不需要向搜索引擎服务商支付广告费就可能在搜索结果中占据较高的排名，进而提高网站的点击率。关键词广告则依据点击量付费，每次点击费用取决于广告主为关键词设定的出价，费用一般在 0.15 ～ 3元/次。

4. 覆盖面广

截至 2023 年 6 月，我国搜索引擎用户规模达 8.41 亿人。随着技术的不断进步，电脑、智能手机的进一步普及，搜索引擎的使用人数还将进一步增加。

5. 灵活多变

传统营销方式中广告内容很难更改，而搜索引擎营销可以根据社会热点、用户搜索习惯和兴趣爱好等及时更改关键词和广告内容，以便快速适应市场变化。

6. 投资回报率高

调查表明，多数市场营销人员都相信，在达到业务目标方面，搜索引擎营销比网页广告条更有效；另外，80％的企业被调查者对搜索引擎营销的投入回报率表示满意，其中有35％表示非常满意。

7. 巧用搜索引擎定位

研究显示，不管用户是否点击网站，搜索引擎结果都可以提升品牌知名度。搜索引擎结果是网络营销的大门，一些新品牌可以采用搜索引擎营销，将自己的品牌与相关品牌放在一起进行市场定位。

8. 提升品牌形象

搜索营销公司 Enquiro 对2722个成年消费者进行的调查显示，在搜索结果页面出现的品牌广告将会有效提高该品牌的影响力、美誉度，以及消费者的购买意向。

9. 提高评价交流和问答平台的可见度

在搜索中，用户除了了解产品的价格、功能及对比品牌外，还能看其他用户的评价。在对用户行为进行监测后可以发现，搜索者主要通过广泛地参与到问答平台、社区和博客中，了解其他经验人士对目标商品或服务的看法和建议，并结合垂直网站提供的报道和对比评测，最终决定购买和交易。

（二）搜索引擎营销的劣势

1. 点击欺诈

竞价排名广告按照点击量付费，无点击不付费。竞争对手为了消耗对方广告的预算，使自己的广告排名靠前，可能会恶意点击。广告代理商也可能为了获取较高的佣金而恶意点击。某公司在搜索引擎中为按点击付费广告支付了高额费用，但是根据流量追踪统计，这些流量中夹杂着很多来自其他国家的 IP 地址，而该公司在这些国家根本没有用户，这意味着该公司很可能遭遇了点击欺诈。

新技术的发展可以为搜索引擎营销的发展提供更好的环境，例如，Active View 是 2013 年 4 月获得美国媒体分级委员会认可的网页广告新技术。通过该技术，谷歌能够计算广告在屏幕上展示的时间，并依据美国互动广告局推出的标准，将每次广告展示面积为 50 %以上、存续时间在 1 秒以上的"可见"广告视为已经被真人浏览并列入浏览次数统计。

2. 点击率不一定意味着转化率

搜索引擎营销能够增加网站的流量，但是并不能保证实际销售额的增长。

3. 破坏搜索结果的公正性，影响用户体验

搜索引擎营销可能影响搜索结果的公正性，很多搜索引擎使用者表示不知道有的网页是广告，点击进入后，对搜索结果并不满意。

第二节 搜索引擎营销的价值

一、网民搜索引擎使用率高，商业价值巨大

中国互联网络信息中心发布的第 53 次《中国互联网络发展状况统计报告》显示，截至 2023 年 12 月，我国搜索引擎用户规模达 8.27 亿人，较 2022 年 12 月增长2504万人，占网民整体的 75.7%。搜索引擎企业通过人工智能等技术优化竞价产品，提高广告主的投放效率，增强商业化能力，带动营收增长。百度财报数据显示，其 2023 年全年营收为1345.98亿元，同比增长 9 %。庞大的搜索引擎用户数量及技术的不断进步给搜索引擎营销带来了巨大的商业价值。

二、网络时代消费者行为模式的转变

1898 年，国际推销专家海英兹·姆·戈得曼提出了 AIDA 模型，即一个成功的营销首先必须吸引消费者的注意（attention），然后引起消费者对产品和服务的兴趣（interest），激发消费者的购买欲望（desire），最后产生购买行为（action）。刘易斯在此基础上提出了 AIDMA 这一营销模式，认为消费者在购买产品前还必须经过留下记忆（memory）这一过程。

如今，随着互联网的普及，人们不再被动地接收信息，而是根据自己的需要主动搜索信息。日本电通公司于 2005 年提出了 AISAS 这一消费者行为模型，认为当一个产品吸引消费者注意（attention），引起消费者兴趣（interest）后，消费者会去网上搜索（search）与产品和服务相关的信息，根据搜索到的信息作出购买决策（action），最终通过社交网络或者其他方式与朋友分享（share）自己的消费体验（如图 6-2 所示）。

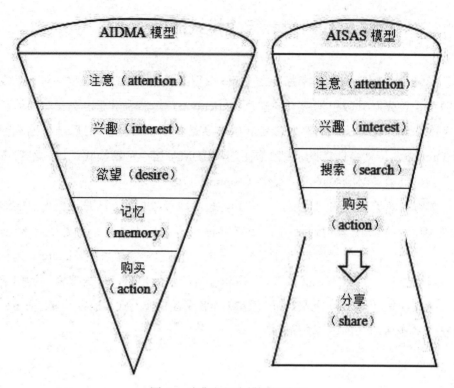

图 6-2 消费者行为模型的改变

　　搜索与分享的核心价值在于充分体现消费者的主动行为，提醒企业不应再照搬固有的营销模式，应基于消费者的主动性去重新审视营销活动。在 AISAS 这一模型（如图 6-3 所示）中，搜索这一环节尤为关键。如果消费者不能方便快捷地在网上搜索到产品和服务的相关信息，很可能会放弃购买或者转而购买竞争对手的产品。从这个角度看，搜索引擎营销对企业的价值又上升到了一个新的高度。

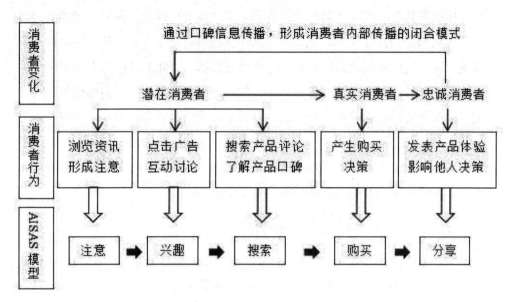

图 6-3 基于 AISAS 模型的消费者行为与消费者变化模式图

第三节 搜索引擎营销的策略

下面从搜索引擎优化和按点击付费两种形式来讨论搜索引擎营销的主要策略。

一、搜索引擎优化策略

（一）准确而独特的标题

标题（title）标签是网页中最重要的一个标签，写于关键词（keywords）和描述（description）之前，这样更利于网站的排名。不管是网页还是整个网站，标题都是用户或者搜索引擎最先会看到的内容。因此，简明、清晰又可以反映实质信息的描述成为首选。网页标题应该简洁明了，方便搜索引擎和用户识别，通常为企业或者品牌名称，也可以是品牌（企业）名称加上非常简单的介绍。每个网页都应该有一个独一无二的标题，切忌所有的页面都使用默认标题。标题要做到主题明确，包含这个网页中最重要的内容，不罗列与网页内容不相关的信息。用户浏览通常是从左到右进行的，重要的内容应该放到标题下靠前的位置，使用用户所熟知的语言进行描述。如果你有中文和英文两种网站名称，尽量使用用户熟知的那一种语言作为标题。

（二）关键词的选取、布局和优化

关键词是定位潜在用户的词语，它决定了网页展示给谁看，不展示给谁看。关键词可以分为核心关键词和辅助关键词。核心关键词是指可以描述网站核心内容的词汇，是网站的轴心。网站上的一切内容都是围绕这个轴心展开的。从搜索引擎优化的角度考虑，核心关键词本身对网站没有太大的意义，重要的是核心关键词被搜索后网站的排名表现。如果核心关键词选择得当，在搜索引擎优化的过程中可以事半功倍，并且可以提高网站流量和业务成交率。核心关键词以行业名称、产品名称、服务名称为主，往往是转化率最高的词。辅助关键词是指与核心关键词相关的解释、术语、名称等，是对核心关键词的补充，也称"长尾词"。在选择辅助关键词的过程中不需要考虑是否可以促成消费，只要与核心关键词相关，都可以罗列在内。

关键词的选择主要考虑两个因素：关键词流行度，用户使用越多，说明关键词流行度越高；关键词竞争力，即使用关键词进行搜索时网站的排名情况，排名越靠前，说明关键词的竞争力越强。

关键词的选取、布局和优化应注意以下几点：

1. 关键词不能太宽泛

太宽泛的关键词搜索量大，流行度高，往往竞争也大。如果选择太宽泛的关键词，如"外贸""旅游""鲜花"，成本太高，而且使用这类搜索词的用户目标不明确，不一定是潜在的目标消费者，转化率偏低。所选择的关键词应该比较具体，有针对性。

2. 关键词不宜太长、太特殊

为了尽可能吸引更多的潜在用户，关键词应该相对热门，涵盖的范围不宜过小。

3. 关键词的数量不宜过多

一页中的关键词以不超过 3 个为佳，网页内容针对这几个关键词展开，才能保证关键词密度合理，搜索引擎也会认为该网页主题明确。如果确实有大量关键词需要呈现，可以分散写在其他页面并有针对性地进行优化。首页和内页的关键词应有所区别，最典型的情况是在拥有不同的产品和服务的情况下，对每个产品进行单网页优化而非罗列在一个首页上。比如，宝洁公司就对不同的产品进行优化，沙宣、潘婷、海飞丝、伊卡璐等品牌都有不同的网页。

4. 对关键词进行扩展

很多产品不是只有一种名称，如电饭锅又叫电饭煲，照相机又称相机等。如果产品不是针对单一地区，还要考虑产品在不同地区的名称。对关键词进行拆分和组合，如改变短语中的词序以创建不同的词语组合，使用不常用的组合，使组合中包含同义词、替换词、比喻词或常见错拼词，包含所卖产品的商标名和品名，使用其他限定词来创建更多的两字组合以及三字、四字组合。

5. 选择最佳关键词密度

关键词密度是指关键词在网页中出现的频次，即在一个页面中，关键词占该页面中总文字数的比例。该指标对搜索引擎的优化具有重要作用。不同的搜索引擎，如谷歌、雅虎和必应，对关键词密度的计算有所差别，其接受的最佳关键词密度也不尽相同。一般来说，在大多数搜索引擎中，关键词密度在 2％～8％较为适当。不要进行关键词堆砌，如果不是根据内容安排关键词，而是为了讨好搜索引擎而人为堆积关键词，不仅无法获得商业价值，而且会被搜索引擎归入恶意行为，有遭到惩罚的危险。

6. 查看竞争者的关键词，完善关键词列表

建议将前 10 名竞争者（不包括付费推广的网站）作为竞争对手。当然，也不需要对列表中的词逐一搜索，可以找出竞争者的网站，适当挑选比较核心的关键词进行搜索，再从结果中选择部分网站进行研究。可以在浏览器中打开竞争对手的网页，单击"工具"菜单，选择"查看源代码"项，弹出页面的 keywords 就是网页的关键词。

7. 关键词对用户友好

在选择关键词时必须对用户友好，站在用户的角度考虑问题。这需要模拟用户思维，假定自己是一个准用户，要购买某种产品，一般会用什么样的关键词去搜索。完成这一步需要从多方面着手，可以从用户反馈中去寻找，可以向用户、销售人员、代理商咨询，也可以让多人模拟用户思维，然后将他们搜索的关键词进行整理，以了解用户的搜索需求和动机。

8. 利用长尾效应设置关键词

有 20 %～25 %的词是以前从没有被搜索过的，也就是说，用户会搜索各种各样稀奇古怪的关键词，而且这种搜索数量巨大。在优化网站关键词时，除了最重要的核心关键词，长尾关键词也很有价值。

9. 关键词要和网站相关

选择的关键词一定要与网站内容相关，若一味追求流量而选择一些热门但与产品或服务关系不大的关键词，一方面可能导致网站被罚封，另一方面即使用户进入网站也会迅速离开，无法带来商业价值。

10. 关注关键词分布

关键词分布应遵循"无所不在，有所侧重"的原则。根据搜索引擎的工作原理，可以将关键词放在以下位置，方便用户了解网站是否为自己所需，或者增加权重。描述标签是对网页内容的概括。如果描述与网页内容相符，百度会把描述当作摘要的选择目标之一，一个好的描述会帮助用户更方便地从搜索结

果中判断网页内容是否和需求相符。描述标签不是权值计算的参考因素，这个标签存在与否不影响网页权值，只会用作搜索结果摘要的一个选择目标。因此，网页代码中的 title、meta、head 标签，包括 keywords 和 description 等，都有利于搜索引擎对网站内容进行识别。搜索引擎不能抓取图片，因此，制作网页时要对图片进行注释，注释中应出现关键词。对网页正文中的关键词可以采用加粗的方式，以增加权重。

11. 使用关键词工具

使用搜索引擎工具，按上述步骤对关键词列表进一步扩展、完善。输入关键词，查询与该词相关的系列关键词或关键词组合，工具会按热门程度（搜索量）进行排序。

（三）优化网页导航

网站应该有清晰的结构和明确的导航，这有利于搜索引擎的蜘蛛程序迅速抓取网页，更重要的是，它能帮助用户快速从网站中找到需要的内容。网页要尽量使用静态页面，动态页面不利于搜索引擎的蜘蛛程序抓取。

网站的最佳结构呈树形且以三层为优。树形结构通常是：首页—频道—文章页。像一棵大树一样，首先有一个树干（首页），其次是树枝（频道），最后是树叶（文章页）。树形结构有利于网站的扩展，当网站内容增加时，可以通过细分树枝（频道）来轻松应对。理想的网站结构应该更扁平一些，从首页到文章页的层次尽量少，这样搜索引擎处理起来会更简单。同时，网站也应该是网状结构，网站上的每个网页都应该有指向上下级网页以及相关内容的链接：首页有到频道页的链接，频道页有到首页和文章页的链接，文章页有到上级频道以及首页的链接，内容相关的网页间互相有链接。网站中的每一个网页都应该是网站结构的一部分，能通过其他网页链接到。为每个页面设置面包屑导航（bread crumb navigation），使用户能够知道自己所处的位置。例如，通过艾瑞网页上的面包屑导航，用户可以访问资讯、效果营销、网络广告等上级目录，也可以访问首页这一根目录。

（四）优化网页内容

网页内容必须做到目标明确，根据用户的需求提供高质量的内容和服务。第一，内容必须与主题相关。比如，一个社会科学图书阅读的网页不要放置一些与阅读图书无关的娱乐八卦或者游戏内容，否则既浪费资源也损害用户体验。第二，必须了解用户的动机和需求。比如，同样是搜索洗发水，有的用户是为了购买产品，有的用户是为了了解产品，有的用户是为了获取护发知识，企业必须根据用户的不同需求提供不同的内容，比如可以在导航中针对不同的需求设置不同的页面，对于那些想获取护发知识的人，网站也可以发布连载文章，增加用户黏度。第三，加强与用户的互动，降低用户的筛选成本。比如，优酷等视频网站就会让观看过某视频的用户发表评论或者点赞，以降低其他用户的筛选成本。

（五）部署外部链接

搜索引擎在对搜索结果进行排名时，会给网页外链赋予很大的权重。一般而言，外链的网页排名越靠前、权威性越高、数量越多，意味着网站的价值越丰富。外链不仅可以直接提高网页在搜索引擎中的排名，而且可以间接给网页带来更多的相关访问者。

在对网页进行外部链接时要注意：第一，链接静态页面且该外链不能是同一个 IP 地址。第二，与经常更新的网站做链接。更新频率的可传递性使得蜘蛛程序在频繁光顾这些经常更新的页面的同时，也能顺利抓取自身页面。第三，运用反向链接。反向链接是指如果 A 网页上有一个链接指向 B 网页，那么 A 网页就是 B 网页的反向链接。第四，自然链接比纯粹链接权重更高。自然链接指文中链接，一般会在外链比较少的页面出现，对应的权重比纯粹的外链高很多；另外，对应的文本可以相应地部署一定量的关键词，这样就可以极大提高相关性。第五，质量比数量更重要，换优不换量。与其选择一些非法网站或者长期无法更新的网站获得很多流量，不如选择 PR≥6（page rank，PR，即网页排名）的网站。一般来说，如果对方网站链接超过了 30 个，建议就不要与其交换友情链接了，否则不仅得不到权重的有效提高，而且容易分散自己的权重比。

（六）向搜索引擎提交网页

在向搜索引擎提交网页时要注意：第一，确保所提交的网站地址格式正确，一般搜索引擎建议的网站地址为包含"http://"的完整网址。第二，只需提交网站的首页，不需要逐个网页进行提交。第三，有些搜索引擎登录需要提交站点的简要描述，请注意根据实际情况介绍，不建议出现与现实严重不相符的夸大信息。第四，搜索引擎对提出登录请求网站的收录周期一般为一个月。如果向搜索引擎提交了自己的网站，一个月后发现依然未被收录，可以继续向搜索引擎提交申请。

（七）提高网站的转化率

从搜索引擎获取流量的最终目的是提高网站的核心价值。从搜索引擎获得的流量转化成网站核心价值的比例就是转化率。对于内容型网站而言，忠实用户是核心价值，把搜索引擎用户转变为忠实用户就是最终目的；对于社交网站（Social Network Service，SNS）而言，注册用户是核心价值，让用户来注册、参与活动就是最终目的；对于电子商务网站，卖东西就是核心价值，把东西卖给顾客就是最终目的。在统计搜索引擎收益时，可将转化率列为最重要的效果衡量指标。

搜索引擎用户在网站上的后续行为决定了该用户是否会转化为忠实用户，分析用户行为可以为改进服务提供依据。下面几个指标可以辅助分析：

1. 跳出率

跳出率指仅浏览一页便离开的用户的比例。跳出率高，通常代表网站对用户没有吸引力，或者是网站内容之间的联系不够紧密。

2. 退出率

退出率是用户从某个页面离开次数占总浏览量的比例。流程性强的网站可以进行转换流程上的退出率分析，用于优化流程。比如购物网站可以将"商品页浏览—点击购买—登录—确认商品—付费"这一系列流程中的每一步的退出率都记录下来，分析退出率异常的步骤，改进设计。

3. 用户停留时间

用户停留时间反映了网站黏性及用户对网站内容质量的判断。

以上是进行用户行为分析的三个最基本的指标。通过行为分析可以看出用户的检索需求是否在网站得到满足，以便进一步思考如何更好地满足用户的需求。

二、按点击付费策略

（一）挖掘关键词

1. 根据产品和品牌定位选择合适的关键词

每一个产品或者品牌都有使用最广泛的搜索词，称为顶级搜索词。使用最广泛的搜索词通常概括性强，限定性小，如洗发水、日记本等。用户根据自身需求选择关键词，如去屑洗发水、柔顺洗发水、厚日记本；或者用户有自己的品牌偏好，会搜索海飞丝洗发水、飘柔洗发水、联华文具、晨光文具。设定购买关键词时要充分考虑产品的特征和定位，对市场进行细分，寻找空隙，吸引目标用户，这不仅可以提高网站的点击率，也可提高转化率，节约广告成本。例如，安满是主营母婴奶粉的品牌，目标用户是怀孕的准妈妈和孕产妇，她们的年龄在 25 ～ 35 岁，月收入超过3000元，关注母婴健康和保健，喜欢网购。安满在选择关键词时采用的策略为：以口碑词增加曝光度，激发用户的购买兴趣（口碑词如孕妇吃什么奶粉好）；以通用词导入优质流量，获得高质量的用户（通用词如孕妇奶粉、妈妈奶粉）；最终促进品牌词的转化（品牌词如安满奶粉）。一年后，安满竞价广告的点击率有了明显的提升（上海提升 82 %，江苏提升 69 %，广东提升 30 %）。

2. 对容易混淆的关键词进行竞价

网络用户通常利用碎片化时间上网，注意力不集中，很有可能混淆重要的词语，因此，在选择和扩展关键词时，应充分考虑用户的这类错误，为可能混淆的关键词进行竞价排名，可以提高网站的流量。如乔恩·史密斯对 Blokes Guide、Blokes guide 和 Bloke's guide 采用竞价排名方式后，其出版的 *The Bloke's Guide To Pregnancy* 的销售量增加了一倍。

3. 设置反向关键词

反向关键词是指为了限制某些用户访问而设置的关键词，借助反向关键词，可以设置哪些情况下网站是不显示的。例如，销售中高档产品的网站，可以将"免费""打折""促销""特价"等词语设定为反向关键词，当用户输入这些关键词时，该网站的竞价广告将不显示，从而节省广告开支。有时候反向关键词的设置是为了避免搜索引擎广泛匹配带来的无效点击，如网站为"交替翻译"设置了广泛匹配，那么"交替翻译报酬""交替翻译培训"的搜索者也可能点击网站，但他们并不是该网站的目标用户，在网站上停留的时间短，这会极大地浪费广告开支。因此，可以将"培训""报酬"设置为反向关键词，避免无效点击。同时还应该时时监管账户，对网站流量的来源进行监测，适时补充反向关键词。

4. 利用热点事件，调整关键词

搜索引擎广告比较灵活，可以根据环境、社会热点及时更改关键词，在发生重大社会事件或者人们讨论的热点话题与企业相关时，企业可以将自己的关键词与这些社会热点相结合，提高网站的流量和转化率，比如可口可乐在2012年伦敦奥运会期间的奥运赛事关联广告。在奥运会期间，网友最关注的便是赛事，于是百度为可口可乐制作了浮层样式的奥运会赛程、赛果搜索关联广告：当网友搜索百度奥运会赛程、赛果时，可以直接看到可口可乐为奥运健儿加油的视频，就像是百度搜索结果的页面内容，实现了搜索结果和广告的自然融合。

（二）利用广告语吸引消费者，优化广告页面

1.运用广告语的写作技巧

在广告语中要尽可能多地使用关键词。关键词是搜索引擎匹配用户请求时的重要指标。搜索引擎的广告语通常要在标题中提到一次关键词，在正文文本中提到两次，这就是"三提到"原则。

为一组关键词写多个广告语。不同的时间，用户的搜索请求可能会有变化。为一组关键词写多个广告语可以有效地吸引不同的用户，不同的广告语可以侧重强调不同的方面。广告语要尽量简洁。在信息冗余的时代，用户排斥繁杂的信息，如果搜索引擎广告能传递一个简单的信息，则可能迅速地吸引用户。广告语中可写出价格促销信息以吸引用户，但是当价格促销信息并不具备大的优势时，应该省略。广告语可以采用问句或者说明的形式。

2.优化广告页面

注重广告内容的相关性，制造滚雪球效应。用户通过搜索引擎广告进入的页面应该与搜索引擎广告语有较强的关联性，如果搜索引擎广告提供了打折促销信息，那么用户进入的页面也应该有打折信息，进一步吸引用户访问网站的其他页面。把重要内容放在显著位置。一般而言，可以将最能吸引用户的信息放在页面的上方，也可以采用图片等方式，向用户传递重要信息。

3.优化页面色彩

应根据来访者的特点设置页面色彩。如唯品会的主要用户是女性白领，其公司标志、搜索引擎广告、页面都采用粉红色为主色调。注意页面色彩的反差和平衡，可以使特定信息凸显出来，如标题为黄色，底色为红色，色彩平衡统一可以适应人们的视觉习惯。同时，广告页面应该简洁清晰，能够让用户尽快找到所需信息，不能让用户在网站内跳转 3 次还没有找到想要的信息。

（三）选择合适的广告位置和时间

1. 选择合适的广告位置

美国著名网站设计师杰柯柏·尼尔森撰写的《眼球轨迹的研究报告》指出，大多数情况下，上网的浏览者不由自主地以"F"形的模式阅读网页，这种基本恒定的阅读习惯决定了浏览者对网页会形成"F"形的关注度。据此，广告位置通常是上比下好，左比右好。调查显示，有些搜索者并不知道页面左上角的推广是广告，将其误认为是自然搜索结果。

2. 选择合适的广告时间

广告时间的选择要充分考虑到用户的需求和产品特性。有些产品是季节性的（如空调、冰箱），因此其广告应该选择相应季节进行投放。节假日来临前，与旅游度假相关的搜索会增加。因此，网站要充分考虑到用户的搜索行为，适时投放广告，做到效益最大化。

选择广告投放时间应充分考虑广告预算。在同一天的不同时段，保持同样的关键词排名，其花费是不一样的。关键词不同，用户的搜索量也不同。广告主应充分了解何时搜索量最大，能带来最大的点击率和转化率，以节省广告开支。

第七章 裂变营销

第一节 裂变营销的定义

裂变营销符合第一章提到的 AARRR 模型中的最后一个环节——推荐，即传播个体通过社交分享（奖励、福利、趣味内容等），帮助企业进行拉新运营，以达到一个老用户带来多个新用户的增长目标。裂变营销中，最想实现的结果只有一个——最低成本、最大限度地获得用户数量增长。虽然传统的市场营销人员也会关注增长，但和通过裂变带来的增长有着本质区别，即是否能在"去广告化"的情况下实现获客。

与传统营销相比，裂变营销的不同之处有两点：

第一，强调分享。即必须通过老用户的分享行为带来新用户，这样成本最低、获客最广。在微信、微博等社交平台诞生并且成为主流后，分享平台和技术手段已经不是障碍，如何让用户分享才是关键，而福利设计和裂变创意是主要的解决手段。

第二，后付奖励。将原来拉新获客的广告费用，分解成老用户推荐的奖励费用与新用户注册的奖励费用，即广告成本=老用户拉新奖励+新用户注册奖励。而这些奖励基本采取后付模式，用户只有注册或完成行为之后才能获得奖励，从而降低了企业的广告投放风险。

根据以上两点，通过裂变实现用户增长的主要任务是以数据驱动营销决策，在维持企业原有用户使用习惯、活跃度的同时，通过技术手段反复测试以提高分享率，并不断对新用户产生刺激，将广告费用奖励给用户，贯彻增长目标，为企业带来利润。

这种革命性的营销思维有很多优点：

第一，不断更新，快速试错，找出用户活跃度的关键点，提升分享率。

第二，使用技术手段，减少创意成本，降低广告投放成本。

第三，把广告费奖励给用户，刺激用户更广泛地分享。

总之，通过技术实现的裂变增长，对于很多高频低客单价的行业来说，是一种性价比非常高的拉新手段。如果配合精准的裂变渠道，其拉新成本会大大低于传统拉新成本。还要补充一点的是，这种拉新流量是以社交信任关系为基础的，其转化率以及留存率也大大超出传统拉新手段。

第二节 裂变营销的技巧

一、APP 裂变

APP 裂变的玩法主要包括拉新奖励、裂变红包、IP 裂变、储值裂变、个体福利裂变、团购裂变六种形式。

（一）拉新奖励

让老用户带来新用户，是流量裂变的本质。福利刺激、趣味吸引、价值共鸣都是常用的手段，但见效最快的仍然是拉新奖励。

拉新奖励，就是企业确定老用户带来新用户后给予双方的奖励政策，一般是 APP 标配的裂变玩法。神州专车靠这个方式带来的新用户至少占总用户数的 70 %。

神州专车在 APP 页面长期设有"邀请有礼"活动。活动机制很简单：邀请一个好友，好友注册并首乘之后，神州专车就会送给老用户三张 20 元的专车券作为奖励，多邀多得。这样就能激发老用户的参与度，让其自发为品牌寻找新用户，加速用户数量的整体增长，也能使企业品牌在朋友圈中得到长期的宣传。

这种利益的驱动虽然没有什么创意，只是纯粹基于技术裂变的拉新手段，但是能为企业带来持久、有效的转化效果。

（二）裂变红包

裂变红包属于群体性裂变形式，很常见，操作也很简单。用户在结束一次消费行为之后，可以把收到的红包分享给好友。这个红包可以被多次分享，也可以自己领取。

不论是从获利的角度还是内容炫耀的角度来看，这种裂变红包都是用户愿意分享的，可以让更多的人在得到优惠的同时为产品和品牌自发宣传。美团、饿了么等很多 APP 都会使用这种裂变红包。

裂变红包的裂变规则是裂变系统的关键，也是裂变真正能够发生的关键。只有根据用户的兴趣、习惯以及企业投入产出比测算来制定出最合理的规则，才能将裂变玩出彩。其主要的玩法包括分享可得规则玩法、二级复利规则玩法、集卡可得规则玩法，以及注册、下载、购买可得福袋规则玩法等。

案例：连咖啡的红包裂变

连咖啡的福袋分享就是订单生成后的一种红包裂变。

连咖啡利用满减券、优惠券、咖啡兑换券、连豆积分等形式和大力度的福利政策（每次购买后获得的福袋可由 20 人领取，其中包含 4 张免费咖啡券，且根据用户微信 ID 分给未注册用户，从而实现拉新），几乎保证了 100％的分享率，神秘人领券也增强了分享的可玩性。这种大力度的福利核销比较适用于前期快速积累种子用户，能在相对短的时间里形成口碑热度。

裂变红包也是 APP 的标配玩法，但是各商家渐渐同质化，创意欠缺精美度，福利优惠越来越少（比如团购 APP 的优惠券从几元降到几分），导致越来越多的用户开始审美疲劳，不太愿意分享裂变红包。

因此，企业需要通过一些方式进行改进，让红包变得既有趣又好玩儿。

（三） IP 裂变

IP 裂变是裂变红包的升级玩法。

以神州专车为例，他们通过流量合作换取到大量免费的影视 IP 资源，如爱奇艺的热门影视剧新片资源等。然后用影视海报、明星形象等设计裂变红包的分享页面，当用户把红包分享出去的时候，更像是在分享一个近期有趣的影视内容，降低了领补贴的目的性。

在整个裂变过程中，分享、下载、转化的效果要远远高于纯创意性的内容传播，这就是"技术+创意"的裂变形式。

（四）储值裂变

储值裂变其实是信用卡主副卡概念的一种移动端玩法，不仅能让老用户拉新，还能提高用户消费频次。神州专车的亲情账户就是一个很好的例子。

2016 年，神州专车做了多次大力度充返活动，激发了用户在专车账户中的充值行为，但是用户自己的乘坐次数毕竟是有限的，因此导致账户储值额很高。为了鼓励用户增加乘坐次数，提速储值消耗，神州专车开创了一种新型裂变方式——亲情账户（如图 7-1 所示）。

图 7-1 神州专车亲情账户

这是类似信用卡主副卡、淘宝亲密付的程序，主用户只要绑定家人、朋友的手机号码，对方就可以使用主用户的账户叫车、支付，同时在个人允许的情况下，主用户可以掌握家人和朋友的行程安全。

当然，被绑定手机号码的家人、朋友需要下载神州专车 APP 才能使用亲情账户，这样也能增加 APP 下载量。

这款产品一经上线就收到了很好的效果。

神州专车只选用了微信公众号和 APP 内部告知两种传播渠道，就在 10 天内收获了 118 万新增用户。如果按照一个订单的成本价格是 80 元计算，这次营销至少为企业节省了千万元的传播成本。除了带动新用户增长外，产品上线后首月累计安全行程达到了1120万千米，整体账户消耗超 2000 万元，远远超出了之前的规划目标。

更有趣的是，由于家人、朋友的行程信息可以发给主用户，所以这款产品使用户全家人都对神州专车的安全定位比较认同。比如，某用户曾在微博上晒出截图，说自己的父亲不断催促自己给账户充值，因为亲情账户余额不够，让他父亲的出行很不方便。

（五）个体福利裂变

除了一对多的裂变红包，个体福利裂变也经常被用到，它适合单次体验成本较高的产品，尤其是虚拟产品，比如线上课程、教育产品、游戏等。

在喜马拉雅 APP 中有很多付费课程，为了让更多的用户使用，很多付费课程都设有"分享免费听"功能，就是原本付费才能听的节目，只要分享到朋友圈就可以免费收听，并且长期有效。

这个功能的设置，一方面直接给用户带去了真实的利益，另一方面通过裂变分享触达了更多潜在用户。

以上五点都属于内容上的裂变，企业不用支出太多的费用，通过给用户一些小福利、小优惠以及一次试用的机会，就能带来拉新效果。

（六）团购裂变

拼多多 APP 的团购裂变创造了流量和销售额的奇迹，值得研究。

拼多多用户通过发起拼团，借助社交网络平台就可以和自己身边的人以更低的价格购买到优质商品。虽然拼团模式在电商中并不是新鲜的玩法，但是拼多多却深挖"社交+电商"模式，将两者有机地融为一体，取得上线未满一年单日成交额突破1000万元、付费用户突破 2000 万的优异成绩。

让用户通过分享获得让利是拼多多运营的基本原理。其优点在于，每一个用户都是流量中心（需要用户自发带着亲友参团），而对于平台和入驻商家而言，每一次的流量分发都能带来更为精准的目标群体（参团的用户都是有自主购买意向、强烈购买需求的用户）。这样能刺激用户的活跃度，提高黏性，也能达到更高的复购率、转化率和留存率。

主动用户在受到平台的低价福利刺激后，付款开团并分享至社交平台（微信为首要平台）；被动用户在看到分享链接后，被"便宜"和"有用"两大诉求刺激，进而完成购买并再次分享。由此，在二级用户基础上不断裂变直至拼团成功。

相比传统团购中人人互不相识，基于移动端的熟人社交成为拼多多的模式核心。用户在拼单的过程中，为了自身利益（只有达到拼单人数才能成功开团）会自觉地去帮助推广，借助微信完成病毒式传播。

二、微信裂变

日活跃用户数超过 9 亿的微信，是企业免费获取社交流量最快捷的平台。因此，基于微信的裂变是营销的重头戏。

企业可以利用对微信图文和超文本 5.0 的技术福利改造，让用户每次分享微信图文或者超文本 5.0 时都获得一定的福利刺激，比如代金券甚至是现金红包，让用户受到利益驱动，主动分享或邀请朋友分享，让身边的人都能获得福利。

同时，我们可以将这种福利规则设计成复利模式，即用户将图文或者超文本 5.0 分享给好友之后，好友再分享给他的好友（也就是二次分享），用户还会获得额外的二级福利。分享的活跃好友越多，获得的二级福利就会越多，这样用户就会变成"兼职推广员"（但要注意分销层级，超过二级以上会被定义为传销，会被微信平台封杀）。

这样的推广效果是传统广告不能比肩的，而且成本也要远远低于传统的品牌推广方式。通过朋友圈的口碑力量，企业和品牌获得的美誉度会更高。

企业还可以对裂变素材进行创意改造，使其符合裂变的内容需求，具备社交裂变的内容属性，这样在福利刺激和技术的支持下，可以取得事半功倍的效果。

常见的微信裂变形式有四种：分销裂变、众筹裂变、微信卡券和微信礼品卡。

（一）分销裂变

分销裂变是利用直销的二级复利机制，借助物质刺激实现裂变。

裂变的路径一般只设置两个层级，只要推荐的好友，或者好友推荐的好友产生购买行为，推荐人就会获得一定比例的收益。这对专业的推荐人来讲，激励作用会很大。其中最常见、最简单的形式就是微信的裂变海报，"一张海报+一个二维码"就能生成自己专属的海报。

案例：神州专车"U+优驾开放平台招募司机"活动

神州专车希望招聘两万名私家车司机，但是推广预算很少，如果通过人力资源部门和劳务公司招聘，基本上一个司机需要支付300元左右的招聘成本。

于是，神州专车尝试使用裂变海报的方式。

首先，神州专车开通了"优驾开放平台"微信公众号。在裂变海报技术开发好后，神州专车先让现有司机生成个人专属海报，再让他们把海报发至朋友圈和自己的各类好友群（很多司机的好友也是兼职司机）。

其他司机好友通过海报上的二维码进入APP并注册，在接单10次以后，原分享司机就能获得100元拉新奖金，而他们的司机好友也能获得接单奖励。

活动推广当天就生成了超3万张海报，很多司机积极响应，不仅关注了平台的微信，还自发在各个司机群里发放海报。

最终，一周内活动共生成8万多张海报，超10万名司机报名。按照人均300元的招聘费用来算，此次裂变推广最终节约招聘费用约1000万元。

除了超额完成招聘任务，神州专车还多了一个惊喜："优驾开放平台"一周内微信公众号粉丝数突破20万，用户基本是私家车司机，之后平台的每篇微信头条的阅读量都能轻松过万。

当然，这种复利分销要尤其注意页面上不能出现任何"分享有福利"的描述，否则会被定义为"诱导分享"遭到微信平台封号，并且只能在种子用户或微信群中传播；现金红包也必须用技术手段控制，不然会有红包被刷取的风险。

（二）众筹裂变

众筹裂变其实更多的是借助福利的外在形式，利用朋友之间的情绪认同产生的自传播。众筹裂变的核心是优惠，但是优惠只是表象，品牌在朋友圈中的人气、能动用的社交力量，才是众筹裂变的趣味所在。

神州买买车就做过一个砍半价车的超文本 5.0 推广活动。活动机制是，首先用户需要关注官方微信方能砍价，每个人只能砍价一次，金额在 0.1 元至 100 元之间随机选择。砍价之后会随机出现流量、积分等大礼包，用户留存信息后方可领取。用户分享此活动页面至朋友圈，可额外获得一次砍价机会。

活动上线的第一期，神州买买车官方微信公众号增粉两万多人，单粉成本仅为 0.75 元，远远低于日常活动增粉成本（一般为 2 元左右）。

（三）微信卡券

卡券功能是微信卡包的核心内容，企业可以通过公众号、二维码、摇一摇等渠道进行卡券的投放，有效地提升商户的到店顾客数量，实现线上发券、线下消费的 O2O 闭环。卡券功能主要适用于有线下实体店的企业进行营销。

"朋友共享优惠券"是卡券功能的亮点之一，真正打通了微信的关系链。用户无论是通过线上渠道还是线下渠道获得商家的优惠券，都可以自动分享给朋友，等于一次帮所有的朋友领取了优惠券。由于不同的人对不同商家和功能的卡券需求不一样，微信"朋友的优惠券"实现了卡券的整合优化，同时实现了裂变。

（四）微信礼品卡

不同于卡券，微信礼品卡是微信限制放开的一个功能，主要特点是用户可以通过购买电子礼品卡来购买商品并赠送好友。其最大的亮点就是形式接近微信红包，观感舒服，容易激发用户的购赠行为。

对于很多快消或零售品牌而言，"微信礼品卡"这种新玩法包括了社交和消费两大核心元素，为企业带去了更多裂变的可能。

三、线下裂变

裂变主要在线上发生，其庞大的社交关系链以及便捷的分享方式（一键分享），使裂变的实现更为容易，但这并不代表线下产品无法完成裂变。

线下的裂变形式也很多，比如小浣熊干脆面的集卡、饮料瓶盖上的"再来一瓶"……这些都是传统产品用来获客拉新的手段。而互联网的开放环境，尤其是移动互联网的便捷性，在提升传播速度的同时，让裂变营销有了更适宜的环境。只要营销手段使用得当，有趣、自带话题性质、可分享、能获利的产品完全可以实现从线上到线下的转化。以线下为主的营销行为，如果不能通过O2O把流量导到线上，并通过社交媒体分享，那就很难叫作线下裂变。

利益、趣味、价值，永远是营销裂变的核心驱动力。只有让用户获利，才能让产品自带广告效果，才有可能实现增值。

传统产品的线下裂变有以下几种方法：

（一）包装裂变

包装是产品面对用户的直接接触点，所以包装是传统产品产生流量裂变的第一传播途径。企业可以对产品包装进行含有利益、趣味的设计，最终达到传播且销售增长的效果。

案例：味全果汁"拼字瓶"

味全果汁的包装一直强调"成分""高品质"这样的厂商语言，消费者尤其是20～30岁的年轻消费者对这样的包装并不感兴趣。味全每日C在很多人眼中成了有年代感的品牌。

2016年，味全每日C果汁更换了全新的包装，并将这一系列包装命名为"拼字瓶"。七种口味的果汁，每种口味配六款不同汉字的包装，一共42款。

很多网友喜欢把这些瓶子摆出各种好玩儿的句子，甚至很多年轻网友把去超市买味全果汁、摆瓶子、拍照、上传社交媒体的一系列行为当成一种新时尚。

对于味全果汁来说，这样一次没有花费太多成本的主题营销战，带来的则是裂变营销的高转化效果。

根据味全提供的数据，2016 年，味全每日 C 每个月的销售额都同比增长40％，市场占有率从 7 月到 10 月一直保持国内纯果汁品类第一。

味全每日 C 的"拼字瓶"和可口可乐的"歌词瓶""昵称瓶"一样，都属于在产品包装设计上进行简单改造，让产品具备互动属性的裂变营销手段。

还有一些产品在包装上自带话题属性，比如椰树牌椰汁始终坚持淳朴的包装设计，反而引发了网友的自主讨论。

坚持多年淳朴风格的椰树牌椰汁在 2017 年更换了包装，新包装依然不浪费任何一个角落，用大红、大黄、大蓝、大黑的色块堆上了全部关键词。"特产""正宗""鲜榨""不加香精"等词让瓶体包装像一个贴满了小广告的电线杆，更有一种移动"弹幕"的感觉。但就是这种接地气的包装风格，令网友一时兴起制作了一个椰树椰汁模板生成器，引发了微博博主们的跟风传播。

椰树牌椰汁虽然在包装上具备了话题裂变的可能性，但这种传播很大程度上只是网友自发性地跟风传播，并不一定会达到销量转化的效果。

（二）O2O 积分或现金红包

利用积分或红包的形式，修改产品素材的玩法和形式，达成线下线上的联动，也是线下实物产品类裂变的一种可行方式。比如青岛啤酒曾投入两亿元营销费用实现一瓶一码，开瓶后扫码就可领取活动现金，通过这一裂变形式实现了销量猛增。

青岛啤酒的这一案例其实是一个针对目标奖励人群，合理利用其种子用户达成销售目标的经典案例。

线下包装裂变的案例还有很多，比如我们经常会在包装袋中看到一些小卡片，上面写着"扫码有惊喜""码上扫红包"等。

洽洽瓜子曾做过一个"一袋一码"的活动，其产品的市场投放量达到 1.5

亿袋，假设 1.5 亿袋投放量中只有 1 % 的扫码率，那也是 150 万的用户流量积淀。如果将 1.5 亿袋的福利费用转化成广告投放费，未必能获得这么快速且大量的用户积累和产品复购。

（三）产品设计的社交化

线下裂变需要完成从线下到线上的分享，才能实现真正意义上的流量爆发。但是如果线下产品可以通过自身满足用户的社交欲望，具备"分享"和"社交"两个基本功能，产品本身就能实现社交裂变，也不失为一种有效的方式。

可口可乐在社交化产品上打造的瓶盖系列堪称经典。

案例：可口可乐的"瓶盖"活动

迪拜有大量来自东南亚国家的劳工，对于背井离乡的他们来说，能在劳累工作后给家人打一通电话是每天最幸福的事，但是每分钟 0.91 美元的通话费对于他们来说实在奢侈。于是可口可乐设计了一个电话亭，只要投入一个可口可乐的瓶盖，就能通话 3 分钟。在迪拜一瓶可乐的售价是 0.5 美元，相较于电话费划算很多。

Friendly Twist 是可口可乐公司于 2014 年 5 月在哥伦比亚大学新生间推广的营销活动。活动里的可乐瓶盖经过特殊处理，有些类似螺帽和螺母，一个人很难单独拧开，必须找到另一个拥有与之相匹配的瓶盖的人，经过两人合力才能拧开瓶盖。通过这次营销，刚入学的新生在找到合作伙伴一起拧开瓶盖时，快速适应了新环境，结识了新朋友。

当然，可口可乐的瓶盖营销虽然体现了传统产品的裂变手段，但整个营销过程中并没有借助互联网、社交媒体取得大规模的流量裂变效果。

相比之下，奥利奥音乐盒的裂变效果更出色。

2017 年 5 月 16 日，奥利奥在天猫超级品牌日独家限量首发了一款可以"边吃边听歌"的黑科技产品，上线仅一上午时间，两万份限量礼盒便一售而空。

奥利奥饼干化身为黑胶唱片，在特制的复古音乐盒里，接上指针，就可以播放音乐。奇妙之处在于，被咬过的残缺的饼干仍可以用来播放并切换成另一首歌。而且用手机扫描盒子上的二维码，再扫描包装插画，就会进入 AR （Augmented Reality，增强现实）模式，针对不同音乐播放不同的实景动画。

在这个案例中，促成消费者疯狂转发的原因是，在符合品牌调性的同时，奥利奥给消费者提供了一种超出预期的产品体验。

第三节 如何做好裂变营销

这几年，裂变营销方兴未艾。不仅是出行（滴滴、神州专车）、外卖（美团、饿了么）、电商（拼多多）APP 在大量裂变、刷屏朋友圈，微商、游戏公司还有传统企业也纷纷加入，所谓的"全民营销""公司裂变"等概念也纷纷出现。必须注意的是，大量裂变形式不讲原则和方法，已经严重变味，甚至破坏了社交朋友圈的和谐氛围。

另外，互联网企业在裂变上的玩法已经千变万化，而传统企业在转型网络平台后，使用裂变的技术搭建的创新型的创意玩法可能还比较粗浅。即使从观念上知道了裂变营销"存量找增量"的道理和好处，可还是不知道从何入手，不知道怎样具体操作。

在裂变的营销逻辑中，有三个起始性关键因素需要重视：种子用户、裂变诱饵和分享趣味。掌握这三个因素，裂变效果才更有保证。

一、裂变的三个关键因素

（一）种子用户的选择

裂变选择的种子用户不等同于产品的初始用户。

裂变的目的是通过分享的方式获得新增用户，所以必须选择影响力高、活跃度高的产品忠实用户作为种子用户。种子用户的选择要尽量和产品调性相吻合，其影响力要尽可能触及目标用户群体，少而精不是坏事，质量绝对比数量更重要。

案例：好色派沙拉"杀熟"裂变

在深圳起家、专注于做沙拉的好色派沙拉，在不到两年的时间内，通过微信配送、微信社交广告等方式，突破了 2％的行业均值转化率，并且成功地把均值百元的获客成本拉低了 20％。

好色派沙拉的用户又被称为"华南地区马甲线最多的用户"，这样的用户选择严密贴合其健康轻食的产品特性，所以一开始好色派沙拉的种子用户就是具有减脂增肌诉求的健身人群。

这个较为小众的项目，最开始选定的目标人群是身边的亲朋好友。以这些人为源头，做最初的小波推广和内测，完成第一次对外传播。

而真正的裂变是在第一次传播结束后，好色派沙拉开启的线下小型分享试吃会。15 人的试吃会，实际收获了 1×11 的传播效果。活动结束后，后台微信粉丝达到了 171 人。通过几场小型分享试吃会，好色派沙拉积累了初期的天使用户，完成了迭代沟通体验。之后，早期的天使用户组建了微信社群，通过线上交流把积累持续下去。

适用于裂变营销选择的种子用户必须具备三大特征：
第一，活跃度高、影响力大的产品用户。

第二，种子用户的质量高于数量。

第三，种子用户需要反馈产品建议。

（二）裂变诱饵的投放

关于裂变诱饵，可以简单理解为福利补贴，但两者并不完全等同。因为有时好的创意内容、创新情景交互、有趣的玩法都可能成为裂变诱饵。

但需要注意的是，除了福利补贴的诱饵之外，利用内容、玩法等手段完成裂变爆发的不确定性较大。

在当前社交媒体丰富、便捷的环境下，广告的创意成本已经大大降低，但投放成本却依然居高不下。如果企业愿意把投放广告的费用分批次回馈给用户，让用户养成领取福利的习惯，会让裂变起到强大的流量转化作用。在福利的诱导之下，再加入一些创意作为分享催化，就会更容易撬动用户的社交关系，让用户产生情感共鸣，从而获取社交流量。

（三）分享趣味的满足

除了利益刺激，裂变本身的趣味性是决定其发酵程度的重要一环。

思考一下：当我们要在朋友圈分享一个企业或产品的商业化内容时，这个内容主要满足了我们哪些趣味点和心理需求呢？

1. 提供互动谈资

社交的目的是沟通，社交媒体让沟通更便捷。如果一个内容能为用户及其朋友提供共同的谈资，那么不论它是否与商业有关、是不是一个企业的广告宣传，相信很多用户都会很乐意主动分享。

案例：微信公开课 PRO 版体验活动页面

2016 年 1 月 10 日，微信官方开发的一个为微信公开课 PRO 版准备的体验活动页面，瞬间引爆了朋友圈。

用户只要在微信中打开活动分享链接，就能查看到自己是哪天注册的、发送的第一条朋友圈、第一个微信好友、2015 年全年的微信朋友数量、红包发送情况、到过的位置、获赞数量、走路步数等，数据非常全面。

这个活动页面在 2016 年 1 月 10 日当晚造成了强大的刷屏态势，就是因为用户可以通过这个精准的数据记录，与微信好友共同谈论在使用微信的这几年内发生的事情。很多事情可能大家已经忘记了，但是微信的数据仍然保留着，而且，微信选择在岁末年初的时间段推出这个页面，也戳中了大家想回顾、整理过去的心理，让大家产生共鸣。

2. 塑造个人形象

社交媒体的另一大作用是能够为普通个体提供展现形象的平台，能够让每一个微小的个体发声。所以在社交平台上，用户关注自身的活动、塑造个人形象的欲望更为强烈。让朋友看到"我是个怎样的人"是在裂变分享引导设计时必须考虑的心理因素。

我们经常在朋友圈看到很多人自发地裂变分享一些活动，比如"如何炮制文案金句，引爆营销？""从营销到增长，只要这 10 堂课"等，原因就在于，一方面在分享的过程中，用户会得到一个获取免费数据的机会；另一方面还能展现用户在繁忙的工作之余坚持学习、坚持运动的良好状态，让用户在心理上产生极大的满足感。

一些类似"打卡机制"的文案也很受欢迎，如"我已在××上坚持健身（或阅读）第××天"等，毕竟当下的许多年轻人还是很乐于成为"斜杠青年"（拥有多重职业和身份的多元生活人群）的。

这些符合用户心理的趣味性内容，都可以增加产品的分享概率。企业市场人员和产品经理应从早期产品设计开始就预设好各类可分享的按钮，满足用户的成长、展示、炫耀等心理需求。

二、游戏化思维：如何让老用户越来越信赖你

在裂变拉新之后，我们需要考虑 AARRR 之后的用户留存和提频任务。

"用进废退"进化论最早由法国生物学家让·巴蒂斯特·拉马克提出，是指生物体器官经常使用就会变得发达，不经常使用就会逐渐退化。生物体和自身器官如此，用户和产品的关系也是如此。

当企业好不容易通过一系列手段获得新增用户之后，怎么让这些老用户不成为沉睡用户，怎么让老用户在 APP 中活跃起来，就是接下来要面对的难题。

（一）定义流失用户

企业应找到不活跃用户处在成长的何种阶段，分析其流失原因，并分别找到其流失预警指标，拟出不同的解决方案进行预防。同时，与核心用户保持密切联系也是至关重要的，与核心用户的直接沟通往往能帮助企业更快地找出用户流失的原因。

1. 推送和活动

消息推送和有吸引力的活动是激发沉睡用户的必选项，但推送精准度、频率、时段、质量、落地页等都是决定推送效果的重要因素，而且推送的优化应该是永久性的。在推送的时候尽量使用一些能够迅速引起共鸣的文案，以人格化的语气和用户沟通。比如，一些淘宝店会用可爱的语气和用户对话，让用户感觉到推送文案的背后是一个真实的人，而不是一个冷冰冰的机器。总之，要不断换样以引起用户的注意。

2. 以活跃用户带沉睡用户

老用户与活跃用户的裂变分享是产品宣传的巨型社交分享流量，也是引导用户和用户之间产生联系以提升活跃度的高效方案。

（二）利用 PBL 游戏化思维，让用户自己"打怪升级"

除了以上常用的方法，本书还特别推崇宾夕法尼亚大学副教授凯文·韦巴赫和教授丹·亨特在《游戏化思维：改变未来商业的新力量》一书中介绍的PBL（即 Points、Badges、Leader boards，分别是点数、徽章及排行榜）理论，该理论非常适用于用户的留存提频。

PBL 被普遍应用于游戏化系统，尽管它不是游戏化系统的全部，但是它的确可以被大范围使用在产品的运营思维上。

大多数游戏化系统都包括三大要素：点数、徽章和排行榜，这也是游戏化系统设计的三大标准特征。

1. 点数

点数通常被认为是用来激励用户完成某些任务而存在的，前提是用户愿意用积累的点数购买更多的工具，同时更加努力地换取点数。这种方法极大地刺激了用户的收集欲望，提高了用户的竞争性和参与度。

第一，有效计分。这是点数在游戏化系统中最典型的功能。点数的展现能告诉用户他们做得有多好，从而增加用户的使用时长和提升用户黏性。连续挂机七天的用户明显要比偶尔登录的户获得的点数多。

点数也可以划分出不同的等级，点数越高等级越高，用户在产品上所花费的精力和时间就越多。点数其实展现了真实的游戏空间性，因为它明确了游戏从开始到完成的目标任务进程。

第二，确定获胜状态。在一个有输赢机制的游戏中，点数可以确定游戏过程中获胜的状态。如果用户想通过点数获胜，就可能需要放弃战利品而选择获得点数。

第三，成为对外显示用户成就的方式。在多人线上游戏，或是能看到游戏社区其他用户得分的环境中，点数可以向他人显示自己的成绩，也可以作为参与者地位（或身份）的标志。

2. 徽章

徽章是点数的集合，是一种可视化的成就，用以表明用户在游戏化进程中取得的进步。在游戏化系统中，"徽章"和"成就"常常被当作同义词使用。通过颁发徽章，可以简单地划定点数级别。

一个精心设计的徽章系统可以有五个目标特征：

（1）徽章可以为用户提供努力的目标和方向，这将对激发用户参与游戏的动机产生积极影响。

（2）徽章可以为用户提供一定的指示，使其了解系统内什么是可以实现的，以及系统是用来做什么的。这可以被视为"入伙"或参与某个系统的重要标志。

（3）徽章是一种信号，可以传递出用户关心什么、表现如何。它们是一种记录用户声誉的视觉标记，用户往往会通过获得的徽章向别人展示自己的能力。

（4）徽章是一种虚拟身份的象征，是对用户在游戏化系统中的个人历程的一种肯定。

（5）徽章可以作为团体标记物。用户一旦获得徽章，就会与其他成员组成一个团队。

3. 排行榜

排行榜是在营销中经常运用的一种手段。一方面，用户通常想知道自己相较于其他用户水平如何，只有自己的排位往上走才能给用户强驱动力和强黏性。另一方面，排行榜规则的设置要避免削弱用户的士气，要让产品具有活跃度，而不是成为一场博弈。

可以利用排行榜创建用户激励体系。用户激励体系包含负激励和正激励。负激励包括积分扣减或其他惩罚性措施；正激励可以分为"荣誉激励""情感激励""利益激励"三类，常见的有排名、竞争图谱、等级、勋章、积分、社交互助、奖金激励等形式。这些正激励形式、每日任务和有吸引停留能力的内容，能够更好地达到刺激用户持续留存的效果。

三、流量裂变系统的技术部署

企业如何通过技术实现流量裂变？根据流量裂变系统的几个关键点，可总结出一个等式：流量裂变=平台+创意+福利+技术。

（一）平台部署

流量裂变的平台渠道是裂变的土壤，不是所有的平台都能挖掘社交流量。主流的社交流量平台有微信（包括服务号、订阅号、微信群和朋友圈）、企业APP、企业微商城等。社交流量平台要具备社交传播的基础和社交基因属性，便于用户体验参与社交创意福利并形成传播。

（二）创意部署

流量裂变的创意内容是裂变的催化剂，只有有趣、有料的创意内容甚至 IP 内容，才有可能撬动用户的社交关系，让用户产生情感共鸣，形成裂变传播，从而获取社交流量。社交流量创意的类型包括病毒创意、IP 创意等，社交创意的表现形式包括海报、超文本 5.0 等。社交流量的创意设计要具备超强的电商属性和非常清晰的页面逻辑，能在最短的时间内抓住用户的注意力，并引导其参与进来。

（三）福利部署

有品质的福利和复利模式的福利规则设计，会极大提高用户参与社交裂变的兴趣，同时激励用户主动去打通它的关系链。通过福利部署，能加强用户和其好友的互动频率，让社交关系传播完全裂变起来，从而获得最大化的社交流量。

（四）技术部署

流量裂变的技术是整个社交流量体系里最重要的一部分，我们称之为裂变系统。裂变系统包括裂变前端创建系统、裂变后台配置系统、裂变福利核销系统、裂变用户管理系统、裂变数据管理系统、裂变平台对接系统等。系统化的裂变技术能够最大限度降低用户参与裂变创意的门槛，提升裂变福利的体验效率，简化用户分享传播裂变的路径。

四、存量找增量，高频带高频

裂变的核心要义，就是"存量找增量，高频带高频"。

存量找增量，即利用已有的用户去发展新增用户。这有两层意思：首先，得发展出第一批老用户（即种子用户），这个不可能靠裂变，主要依赖广告投放、产品试用以及前期的其他推广方式；其次，存量用户基数越大，裂变分享的数量才会越大，因此，存量基础是裂变成功的关键。

成功的企业，往往同时两手抓：一手抓广告拉新，通过补贴迅速扩大存量用户；另一手抓老用户裂变，降低整体获客成本。在存量和增量的不断转化中，一个新创品牌可以迅速引爆市场，甚至成为现象级品牌。

高频带高频是指如果产品本身是一个高频使用产品，比如外卖、社交、直播、热门游戏等，那么用户和产品的接触机会多、使用次数多，裂变福利的可能性就大，企业往往只需要给一些比较小的福利（如发电子券、免费视听、游戏道具等）就可能会有大量用户裂变分享，带来新用户。因此，高频带高频是很容易的。

但如果企业的产品本身并非互联网产品，消费频次又低（如房地产、汽车、家电、金融保险等），企业需要有同样的思路，要么把低频产品转化成中高频福利，要么将低频变成强福利裂变。

比如房地产企业，可以以转介绍费（房价的几个点的提成）的方式吸引现有用户推荐，这是强福利刺激。但更好的做法是通过类似物业管理类 APP，让用户高频使用，从而加大多次裂变分享的可能。

保险在金融产品里面属于消费频次较低的产品，基本以年来计。企业可以开发大量免费赠险，结合各类场景，通过 APP、微信赠送给用户。由于很多用户投保后都会关注微信（方便理赔服务），那么高频赠险就可能激发高频裂变。比如幼儿感冒门诊等微量级赠险，一旦结合场景和热点，就会成为高频裂变营销。

总之，没有绝对低频的产品，也没有不可裂变的营销，关键是要开阔思路，转化福利频次，用好存量用户。一旦找到合适的玩法，裂变营销就会成为最低成本的获客之道。

案例 1：盒马的社交场景式裂变

1. 体验感思维模式

盒马是较先提出新零售概念的，从 2015 年到 2018 年，盒马开设了 100 家门店，用户数超过 2000 万。

电商平台一直无法满足非标品的购物体验，但电商人一直在尝试，比如大规模定制式的团购、反向定制的 C2B（Customer to Business，顾客对企业电子商务）模式，这些都是在解决非标品的体验问题。生鲜品类更是无法做到标准化，每个人购买生鲜品类的时候都有自己的需求，也有自己的考量标准，这种需求就是体验、享受购物的整个过程。

美好的体验感是商超购物、餐饮服务的附加值。盒马目前给大众的印象是生鲜类的商超餐饮一体化，但在最开始，盒马以外卖档口为起点，后来逐渐转型。

盒马根据消费群体和商圈性质的不同，开设了盒马便利店、盒马集市店、盒马餐饮店等。

2. 线上线下一体化思维

盒马的线上运营以 APP 为主，APP 是唯一的支付通道和营销渠道，目的是把用户都积累到 APP 上。

所有的产品都可以在线上售卖，有半成品、成品、外卖餐饮等，在店铺周边 3 千米范围内，外卖 30 分钟即可送达，满足了线上用户各个场景的需求。

同时，在线上和线下购买产品的价格相同，线下作为"体验店+加工坊+餐饮店"，从准备原材料到送上餐桌，整个过程用户都可以参与，满足了用户对食物的好吃、好看、好玩的体验需求。

从盒马的公开数据可以看出，盒马的用户大部分来自线上，这也遵循了新零售的增长模式，流量入口在线上，而不是通过线下的模式不断地培养商圈周围的用户，这也是新零售和传统零售的一大区别。

3. 互联网产品思维+渠道下沉

互联网产品讲的是简单、快捷、好玩，但对互联网用户而言，价格便宜才是基础。盒马以售卖生鲜产品为主，生鲜中的海鲜类产品是高消费群体的标品，但盒马通过互联网的模式来做，就不能把目标消费群体仅仅锁定在高消费群体。

要扩大目标群体，就必须将产品价格降下来，降低产品价格就意味着必须在别的地方缩减成本，比如去掉大量的中间环节，以直接采购的形式销售，把产品直接从原产地送到消费者手里。

同时使产品加工坊和商超一体化，将加工产品的成本公开，让用户在体验的时候更直观地看到加工价格。盒马几乎所有的加工作坊都是开放式的，用户可以看到产品的加工过程，不用担心厨房不干净以及加工的不是自己挑选的原材料等问题。

把生鲜的价格降下来，就可以进一步扩大目标群体，把目标人群定位下调一个级别，让更多的人能消费得起，这也是在做渠道下沉。

另外，盒马还从采购、运营、运输、配送、定制、实体店等方面不断地节省成本，一个实体店还可以充当仓库、卖场、配送点、加工坊、服务售后店等角色。去掉的中间环节越多，节省的成本就越大，利润也就越高。

店面产品的运营重点就是优选产品，不仅要给用户优惠，还要帮助用户挑选好的产品，把对每个产品的需求不断细化，帮助用户节省时间。

有时候，产品的品种太多也会比较麻烦，因为同类型的产品容易让用户不知所措，影响购物的愉悦感。盒马对 SKU（Stock Keeping Unit，库存量单位）

是严格控制的，比传统的华润、永辉等商超的 SKU 少很多。

盒马把生鲜这种非标品进行了标准化。众所周知，生鲜的重量和品质各不相同，用户需要的分量和质量也不一样，所以放在线上售卖很麻烦。盒马上海中转仓的一线员工设计出了一种方形网兜，网兜上带四个钩子，可以挂在水槽的铁杆上，员工把虾称重后放入网兜，在水槽中饲养，网兜上有二维码，用户扫描二维码就可以知道虾的种类和价格等信息。这个微小的创新，使得非标品的生鲜线上化了。

4. 非传统盈利模型

在探讨新零售业态的盈利模式之前，先看一下实体店如何衡量盈利：一般用坪效来衡量，传统零售企业的坪效≤1.5 万元/平方米，而盒马的坪效为 5 万元/平方米～10 万元/平方米，已经是传统零售企业的 3～6 倍。

有很多商超都在线上平台开了店，可运营模式依然是传统的方式，配送时间较长。对于生鲜、蔬果类产品，如果配送时间过长，那么产品就会失去新鲜感，用户的体验也会差很多。但盒马的 3 千米范围内 30 分钟免费送达的效率，使其优势凸显。

5. 大数据协同作战

盒马的大规模定制、以销定产，需要大数据的支撑。盒马依靠阿里巴巴的消费大数据，在开店之初就能预知店铺周围 3 千米范围内的消费者画像，这一点是其他实体店很难做到的。

盒马还与天猫超市合作，利用天猫超市早已布局好的生鲜供应链，直接从海外采购受人们追捧的海鲜，并将成本降到最低。依靠菜鸟物流的大数据支撑，盒马采用全自动物流模式，运用机器学习训练法，不断优化配送线路系统。

与阿里大数据协同，盒马进一步降低运营成本、物流成本，降低生鲜品类的耗损，提高运营效率，这也是很多传统实体店无法做到的，但其中的很多经营方式都是可以套用的。

案例 2：趣头条的社交挖矿式裂变

趣头条是一家资讯媒体平台，于 2016 年成立，在 27 个月后上市，随后股价一路上升，上涨超 190%，超乎很多人的想象。

今日头条、腾讯、百度、网易、搜狐等大平台都在资讯类自媒体领域发力，为了吸引自媒体创作者，不惜投入重金招募人才、培养人才……在市场竞争异常激烈的情况下，趣头条却突破重围，获得了大量的用户。

目前，泛娱乐内容占据了用户大量的时间，任何互联网巨头都不会放过这样的机会。趣头条和拼多多一样做下沉市场，抓住了下沉市场的红利，也抓住了三、四线城市互联网用户的红利。

这里需要澄清一点：下沉市场并不意味着消费降级。消费降级指的是在原有消费产品的基础上降低标准。比如去年你每天出门都打车，今年可支配收入减少，出门只能坐公交、地铁，那么你在出行上就是消费降级了。而下沉市场是将新的产品和服务带到下一级市场，原有市场用户的消费习惯并没有太大的变化。

2018 年，拼多多的用户超过 3 亿，从理论上讲，这些也是趣头条的用户，因为趣头条和拼多多一样都在做下沉市场，这也说明趣头条的用户还有广阔的增长空间。

平台一旦确定了用户市场，就可以确定要提供的内容。从趣头条公布的数据可以看到，在它的视频类目中，广场舞的占比较高。

下沉市场用户的特点：

1.对价格很敏感，奖励对新生互联网用户很重要；

2.有大量的闲余时间；

3.在当地的人际关系很广，有很多亲戚朋友。

趣头条起初的"战场"就是微信，现在仍然在微信中战斗着。近几年微信的用户增长速度非常快，新增的新生代网民是标准的社交用户，也是趣头条的目标用户。

新生代网民更认可周围朋友的推荐，也就是自己的社交半径，除了朋友圈外，还有口口相传的效应。

在趣头条的用户数据里，年轻用户增速加快，女性用户占比更高。这和今日头条、微博等的数据不同，因为年轻女性爱分享有趣的事。

趣头条采用智能内容分发模式，根据用户兴趣提供符合用户口味的内容，也通过机器学习智能算法和人工审核的方法给用户推荐内容。在用户注册趣头条账号的时候，系统就会为其提供多个内容类目让用户选择，有娱乐、时尚、军事、美食等，用户也可以自行添加内容类目。

1. 师徒制裂变模式

"师徒制裂变模式"就是人拉人的模式。趣头条的制度是每拉一个新人就奖励一些积分，而被拉入的这个新人就是拉人者的"徒弟"，相互之间类似于师徒关系。

"徒弟"拉来的人就是"徒孙"，只有当"徒弟"和"徒孙"都完成了相应的现金收入后，这种关系才会结束。当然，如果"徒弟"发展了"徒孙"，也可以成为"师父"。

这看着有点类似于三级分销，但还是有一定区别的。"收徒"的方式比较简单，只要把邀请码发给对方，对方注册时填写邀请码即可建立"师徒"关系。

趣头条也有积分体系，当用户完成相关任务，如阅读、邀请时，就会获得相应积分，而积分可以兑换现金。

积分有两个作用：获客和提高用户黏性。一方面，通过积分体系挖掘用户的社交关系链，从而更高效、低成本地实现大规模获客；另一方面，通过积分体系来稳住用户每天的使用习惯，让用户活跃起来，而不是只来一次。

平台作者也拥有积分的使用权，这意味着作者和用户可以互相激励，也就是作者也可以打赏活跃的用户，同时用户发表评论还可以赚钱，这对用户的吸引力非常大。即使将这种方式延伸到培训上，也非常实用。

2. 挖矿式裂变模式

"挖矿"这种说法源自虚拟货币，按照区块链的逻辑，对用户所有的行为都应该给予一定的奖励，目的是鼓励用户不断付出。

趣头条按照用户贡献给予相应的金币或者现金奖励，新注册用户可以获得1 元红包，填写邀请码可以再获得 0.5 元，并可以随时提现。

用户在看文章、看视频、评论和分享的时候都有金币收益，每天开宝箱也可获得一定额度的金币收入。这些都是奖励用户的方式，用户所有的行为都是可以得到回报的。

2016 年，用这种方式进行裂变营销的互联网公司还很少，但趣头条将这种方式和三、四线城市下沉市场做到了完美匹配。用户在使用该平台后，为了获取更多的金币，需要不断地邀请好友来参与，新加入的用户可以直接领取现金。从三、四线城市及乡镇开始，自下而上打开市场，这是拼多多和趣头条都在做的事，而且相当成功。

3. 流量策略模式

趣头条的用户来自两个方面：用户裂变和外部采购，外部采购就是投放广告买流量。

通过这种裂变模式获得第一批用户相对容易一些，低成本裂变往往存在于第一批发现这个市场的群体中。用户都有尝鲜的需求，所以第一批用户可以低成本获得。当第一批用户邀请好友后，第二批用户再分享出去，引流的效果就会差很多，因为社交半径的重叠会越来越严重，用户增长也会变缓。

趣头条的用户特征也是下沉市场整个群体的特征，他们的需求还有诸多方面没有得到满足，比如，在一、二线城市看到的很受欢迎的产品和服务，在三、四线城市、乡镇市场可能看不到，那么就存在红利。

趣头条用户在消费时更关注产品性价比和品质，注重自我享受。用户经常浏览的内容有娱乐、社会、电影、美食、音乐等。用户带有明显的轻娱乐倾向，在汽车、金融、3C 产品（计算机、通信和消费电子产品）、快消品等领域有较强的消费意愿。

趣头条属于资讯类自媒体平台，其电商裂变和今日头条一样，重视流量变现，用垂直、有深度的内容和用户沟通，重点做品牌故事营销和口碑提升。

参 考 文 献

[1]翁文娟，万信琼.直播营销与案例分析(慕课版)[M].北京：人民邮电出版社，2022.

[2]宋星.数据赋能：数字化营销与运营新实战[M].北京：电子工业出版社，2021.

[3]曹虎,王赛.什么是营销[M].北京:机械工业出版社，2020.

[4]吴英劼，刘丹.增长起跑线：数字营销实战指南[M].北京：电子工业出版社,2020.

[5]谷虹.智慧的品牌:数字营销传播金奖案例2018[M].广州:暨南大学出版社,2019.

[6]勾俊伟,张向南,刘勇.直播营销[M].北京:人民邮电出版社,2017.

[7]骏君.流量营销[M].广州:广东旅游出版社,2018.

[8]秋叶.短视频实战一本通[M].北京:人民邮电出版社,2020.

[9]胡华成.游戏化营销:用游戏化思维做营销[M].北京：电子工业出版社,2019.

[10]姚曦,秦雪冰.技术与生存:数字营销的本质[J].新闻大学,2013(6):58-63.

[11]高雨果,张津铭.大数据时代下企业营销战略思维探究[J].现代商贸工业,2020,41(27):52-53.

[12]葛洪波.精准广告营销模式的发展研究[J].中国商贸,2010(28):50-51.

[13]张亚男，谢虹.基于整合营销传播下的二维码营销传播优势及策略探析[J].科技传播,2018,10(1):88-89.

[14]翁伟.直播营销初探[J].艺术科技,2017,30(4):425.

[15]张雨萌.短视频 APP 的营销推广模式分析:以抖音为例[J].传媒论坛,2018,1(9):174-175.

[16]宁昌会,奚楠楠.国外游戏化营销研究综述与展望[J].外国经济与管理,2017,39(10):72-85.

[17]李雨.构建数字时代的多维立体营销服务网络[J].现代金融导刊,2022(6):45-48.